아버지가 깨달은
삶에서 가장 중요한 것들

아버지가 깨달은
삶에서 가장 중요한 것들

박상현 지음

VIVA체

추천사

●

'AI시대, 해답은 고전에 있다.' 이는 내가 최근에 강의하는 주제다. AI시대에는 질문을 잘 던지는 사람이 강력한 힘을 가진다. 세상의 모든 지식을 가진 AI이지만 질문을 잘 던져야 가치 있는 답을 얻을 수 있다. 바보 같은 질문을 던지면 바보 같은 답을 얻는다. AI시대에 돈을 잘 벌 수 있는 사람도 당연히 질문을 잘 던지는 사람이다. 그렇다면 좋은 질문은 어떻게 생기는가?

> 아는 자는 말하지 않고, 말하는 자는 알지 못한다.
>
> 《도덕경》중

> 자신을 구하는 유일한 길은 남을 구하려고 애쓰는 것이다.
>
> 《그리스인 조르바》중

해답은 고전에 있다. 고전 속 문장들을 읽으면 저절로 질문이 떠오른다. 이렇게 떠오른 질문들은 자연스럽게 창의력으로 이어지고 좋은 질문을 만든다. 그렇다면 결국 근본적인 해답은 독서에 있다. 책을 읽어야 좋은 질문을 만들 수 있고 자신이 원하는 목표를 이룰 수 있다. 나 역시 독서를 통해 베스트셀러 작가라는 꿈을 이뤘고 10년 동안 단 한 번도 연매출 10억 원 이하로 떨어지지 않는 매장을 운영하고 있다. 심지어 코로나 기간 중에도 말이다.

이렇게 좋은 책을 어떻게 하면 우리 아이들에게 읽힐 수 있을까? 해답은 박상현 작가에게 있다. 박상현 작가는 6년 동안 주말마다 아이들과 함께 책을 읽고 감상을 공유하고 있다. 요즘은 유튜브 촬영과 썸네일 제작도 함께 한다. AI시대에 가장 필요한 해답을 실천을 통해 아이들에게 전해주고 있는 것이다. 난 확신한다. 어떤 훌륭한 학원도 함께 책 읽는 아빠를 이길 수 없다.

박상현 작가는 고명환 아카데미에서 만났다. 글쓰기 수업시간에 보여준 거침없이 써 나가는 능력은 수많은 독서가 있었기에 가능한 것이다. 박상현 작가의 교육방법은 말이 아니라 행동이다. 아이들에게 이래라 저래라 말로 하지 않고 직접 행동으로 보여준다.

작가의 유튜브 '아빠의 진심'을 보면 저녁 긍정확언을 60일 넘게 하고 있다. 작가는 분명히 100일, 1000일 넘어 계속 외칠 것이다. 내가 요즘 강의에서 가장 강조하는 것이 '독서'와 '꾸준함'이다.

AI시대에 가장 필요한 무기는 '나만의 스타일'이다. 이젠 물건을 팔아 돈을 버는 시대는 끝났다. 나 스스로가 상품이 되는 시대다. 그래서 나만의 스타일이 중요하다. 나만의 스타일은 바로 꾸준함에서 생긴다. 피카소가 피카소만의 스타일을 가지게 된 것은 수많은 작품을 꾸준하게 제작했기 때문이다. 이 꾸준함에 독서가 곁들여질 때 위대한 스타일이 탄생한다. 박상현 작가의 아이들은 이 시대에 가장 필요한 교육을 매일 눈으로 보고 체험하며 배우는 것이다. 학원에서 절대 가르쳐줄 수 없는 것이다.

세상의 모든 부모가 원하는 것은 '우리 아이들이 행복해지는 것'이다. 근데 어떻게 하면 되는지를 몰랐다. 여기 박상현 작가에게 해답이 있다. 박상현 작가의 아이들은 행복하다. 여기서 끝이 아니다. 박상현 작가 자신이 더 행복하다. "자신을 구하는 유일한 길은 남을 구하려고 애쓰는 것이다." 라는 말처럼, 아이들을 위해 꾸준하게 독서를 했는데 지금 작가로 데뷔하는 박상현 작가는 그 누구보다 행복하다. 이 책을 통해 부모와 아이들이 모두 행복해질 수 있기에 기꺼이 추천사를 쓴다.

작가 고명환

작가의 말

●

대한민국 가정의 불통은 100% 아빠 책임!

대학 입학 전까지 나는 부모님과 소통한 기억이 없다. 우리 삼 형제를 키우며 세운 어머니의 소통방식이 '일방통행+카리스마'였기 때문이었다. 반면 아버지와 삼 형제 사이에는 '소주잔'이라는 훌륭한 소통 도구가 있었다. 대학교 입학이 결정되고 며칠 후 아버지는 종로 낙원상가 근처 나이트클럽에 데리고 가서 맥주를 사주셨다. 얼떨떨한 기분으로 들어간 나이트클럽 분위기는 지금도 생생히 기억한다. 장남이 대학교에 합격했다는 사실이 기뻐셨던 것 같다. 장교로 전역하고 대기업에 입사했을 때는 횟집에서 소주를 사주셨다. 그런 아버지는 60세가 채 되기도 전에 돌아가셨다.

어느덧 나는 가정을 꾸리고 두 아이의 아버지가 되었다. 아이들의 머리가 굵어지며 가정 내에, 특히 아빠와 자식 간 소통이 잘되고 있는지 의문이 들었다. 어렸을 때는 그렇게 아빠만 찾던 아이들이 왜 점점 아빠의 존재를 집에 있는 반려견보다 못하게 여길까? 누구의 문제일까? 아이들? 아빠? 나는 100% 아빠의 문제라고 생각한다.

돌이켜보면 나의 아버지는 소주잔이 소통 도구이자 당신이 할 수 있는 최고의 사랑 표현이었다. 나는 아버지의 '소주잔'처럼 나만의 소통 도구를 찾아 헤맸다. 그렇게 찾아낸 도구가 책이다. 6년 동안 아이들과 책을 읽고 감상을 공유하며 주말을 함께 보냈다. 준비물은 그 주에 함께 읽은 책 한 권, 내가 만든 PPT 자료, 화이트 보드판이 전부였다.

6년간 주말을 아빠와 책을 도구로 소통하며 보낸 아이들은 잘 컸다. 이제 아이들은 성인이 되었고 나는 또다시 새로운 소통 도구를 고민했다. 그리고 찾은 것이 유튜브다. 유튜브 계정 '아빠의 진심'을 만들어 방송을 시작했다. 구독자 목표 2명. 아이들이 구독하고 매주 듣기만 해도 만족한다는 마음이었다. 영상 촬영과 썸네일 제작은 딸아이에게 맡겼다. 아들은 영상에 담기지는 않지만 관객으로서 객석에 앉게 했다. 일부러 영상 제작에 참여시켰다. 함께하는 시간이 너무도 기쁘고 행복하다.

나는 가끔 돌아가신 아버지를 생각한다. 그 나이트클럽

의 분위기와 횟집에서의 소주 한잔이 간절히 생각이 난다. 내가 죽으면 아이들이 방송을 보면서 생생하게 나의 모습과 말과 생각을 기억할 수 있다는 생각에 오늘도 원고를 쓰고 방송을 준비한다.

　　나처럼 아이들과의 소통 도구를 찾아 헤매는 아빠들에게 도움을 주기 위해 이 책을 썼다. 막상 아이들과 마주 앉아도 대화 소재를 찾기 어렵다. 이 책에는 내가 그동안 아이들에게 해주었던 이야기를 진솔하게 담았다. 대한민국에서 살아온 인생 선배이자 아버지로서 아이들이 잘되었으면 하는 바람으로 진심으로 건네었던 이야기를 한 권에 정리했다. 부디 이 책이 아이들과의 소통에 도구로써 쓰이길 바란다. 아이들이 나아갈 길을 비춰주는 작은 촛불이 되기를, 아빠의 진심이 닿기를 바란다.

2023년 12월 14일 아들 생일날 새벽에

박상현 씀

목차

●

CHAPTER 1

진짜 행복을 찾아서

CHAPTER 8

웃으면 복이 와요. 행하면 복 들어와요

맺음말

1

진짜 행복을
찾아서

인생을 살면서 필요한 세 가지
자존감, 자신감, 자존심

아빠의 한마디

"자신감이 하늘을 너무 오래 찌르면 자만심이 된다. 잠깐 만 찔러라. 자존감은 마음에 있으나 나올 때는 지갑을 거 쳐 나온다. 자존심은 존재하는 마음이다. 존재에 가치를 둬라. 앞으로 내세우지 마라."

인간은 살면서 스트레스를 받는다. 그런데 스트레스란 게 무엇일까? 정확한 뜻은 알고 사용하는 것일까? 스트레스라고 말하면서 짜증 내고 화내는 면죄부를 내세우는 것은 아닐까?

스트레스는 심리학 용어로 외부의 위협, 공격 등에 대항해 신체를 보호하려는 신체와 심리의 변화 과정, 생체에 가해지는 여러 상해 및 자극에 대하여 신체에서 일어나는 비특이적인 생물 반응을 통칭한다. 달리 생각하면 스트레스는 발생하지 않을 수도 있다. 어떤 일이 일어나면 그냥 일어나는 것이다. 어떠한 의미도 없다. 그다음은 일어나는 일에 대한 우리의 생각만 존재한다. 스트레스라고 생각하면 스트레스이고, 그냥 일어난 일이라고 생각하면 그냥 일어난 일인 것이다.

그중에서도 근간은 자존감

인생을 살면서 필요한 세 가지를 이야기해보려 한다. '자'로 시작하는 세 가지, 바로 자존감, 자신감, 자존심에 대해서다. 이세 가지도 인간이 만든 개념이다.

사실 내가 어렸을 때는 '자존감'이란 단어가 없었다. 어른이되어서도 자존감에 대해서 깊게 생각해본 적 없다. 자존감이인생을 살면서 너무도 중요하다는 사실을 늦게 깨달았다. 그래서 지금은 매 순간 자존감을 의식하면서 살고 있다.

자존감은 말 그대로 자아존중감의 줄임말이다. 나 자신을사랑하고 존중하는 마음이다. 내가 나를 믿고, 내가 나를 응원하고, 내가 나를 자꾸 바라보면서 웃는 것이 자존감이다. 자존감이 낮은 사람은 '내가 할 수 있을까? 나는 가치가 없어.'라며자기 자신을 믿지 못한다. 나도 나를 믿지 못하면서 남이 나를인정해주길 바라는 것은 물고기를 구하러 나무에 열심히 올라가는 행위와 똑같다.

자존감과 자존심의 차이는 무엇일까? 자존감은 나와 나와의 관계에서, 자존심은 나와 타인과의 관계에서 쓰인다고 이해하면 된다. 다른 사람 때문에 마음이 상했을 때 "진짜 자존심상하네."라고 이야기하지. "진짜 자존감 상하네."라고 이야기하진 않는다. 현대 사회를 살아가려면 자존심과 자존감 둘 다 중요하지만 그중 근간이 되고 기본이 되는 개념은 자존감이다.

그렇다면 내가 나를 사랑한다는 것은 어떤 의미일까? 나의 장점뿐만 아니라 나의 단점도 받아들인다는 말이다. 자존감이 높은 사람은 자신의 단점도 잘 알고, 그것을 보완하려고 노력한다. 나는 자존감이 높은 사람인지 한번 생각해보자. 의식하지 않으면 생각해볼 일도 없다. 내가 나를 사랑하는지, 내가 나를 인정하고 믿고 있는지, 내가 나를 자랑스러워하는지 생각해보자.

자존감은 지금까지 살아온 환경과 경험에 영향을 받아 형성된 것이다. 가령 부모가 매일 싸우는 환경에서 자란 아이들은 자존감이 매우 낮다. 가정을 위해서, 아이를 위해서 아빠부터 자존감을 돌아보자. 하루 중에 사용하는 단어를 점검해보면 나의 자존감이 높은지, 낮은지 알 수 있다. "에휴, 짜증 나. 되는 게 없네.", "나는 언제 풀리는 거지?", "왜 나한테만…" 이런 말을 많이 쓴다면 자존감은 매우 낮은 것이다.

자존감이 낮은 상태에서는 기회를 놓치기 쉽다. 기회를 가장하고 찾아온 위기에 속절없이 무너진다. 위기가 위기인 줄만 안다. 어떤 위기는 진주를 품고 있는 조개다. 자존감이 낮은 상태에서는 위기 속에 숨은 보석 같은 기회를 절대 보지 못한다.

아빠와 아이가 함께하는 자존감 높이는 방법

첫째, 일어나자마자 메모를 해라. 나는 휴대폰 노트 앱에 메모한다. 그러면 매일 아침, 눈뜨자마자 메모하는 게 어렵지 않다. 예를 들어 '나는 2024년에 100억 원을 벌었다. 나는 2024년에 책을 출간했다. 나는 1시간에 100만 원 이상의 가치를 인정받는 저자 강사가 되었다.'라고 메모한다. 그럼 아주 기분이 좋다. 자존감이 올라간 상태로 하루를 시작할 수 있다. 아주 간단한 방법인데 성공적으로 하루를 여는 데 아주 효과적이다.

둘째, 내 손과 발로 일해서 돈을 벌어라. 성인이 되면 직업의 귀천을 따지지 말고 벌어봐라. 식당에 가서 설거지 일도 해보고, 새벽에 신문도 돌려봐라. 10원 한 개라도 땀 흘려서 직접 벌어봐라. 자존감은 마음에 존재하지만 나올 때는 지갑을 거쳐 나온다. 스스로 경제를 공부하고 행동하면 자존감은 저절로 높아진다. 자존감은 스스로 만드는 것이지 타인이 만들어주지 못한다. 스무 살이 넘은 자녀라면, 휴대폰 자동이체 통장이 부모님 통장이라는 사실을 자녀 본인들이 정말 창피하다고 생각해야 된다. 돈을 악착같이 벌으라는 것이 아니다. 학생의 신분으로 공부가 우선이고, 남는 시간에 돈을 번다는 생각을 해라.

나는 젊었을 때 자신감이 정말 하늘을 찔렀다. 자신감이 하늘을 너무 오래 찌르니 그게 자만감이 되더라. 아무 계획도 없고, 행동도 안 하면서 자신감만 충만한 것은 재앙이다. 결국 내 인생 내가 살아야 된다. 위기도 다 내가 극복해야 된다. 기회도 다 내가 알아차려야 된다. 남한테 자존심 상하는 거 신경 쓰지 말고, 스스로 자존감이 낮아지는 것을 경계하라.

셋째, 사랑이라는 감정을 의식적으로 자주 느껴라. 사랑의 감정을 빼고 자존감을 논할 수 없다. 사랑은 자존감을 높여주는 감정이다. 사랑하는 마음으로 자존감을 높여라. 사랑이라는 감정이 올라오지 않는다면 적어라. 펜으로 적어서 표현해라. 아버지 사랑합니다. 어머니 사랑합니다. 동생아 사랑해. 우리 강아지(박 아모르파티) 사랑해. 집도 사랑하고 차도 사랑합니다. 지금 앉아 있는 의자도 사랑합니다. 그냥 계속 사랑한다고 적어라. 매일매일 적으면 그 글씨는 감정으로 승화되어 자존감을 높인다.

넷째, 모든 일에 할 수 있다는 자신감을 가져라. 끝까지 견딜 수 없는 시련은 존재하지 않는다. 단 자신감의 마지막 경계는 자만심이다. 자신감의 감정은 자만심의 경계 전까지만 올려라. 항상 자만심을 경계하고 자신감을 살펴라. 자신감이 자만심으로 승화되어 나를 잡아먹지 않도록 해라.

세상에는 개보다 못한 인간이 있고
개에게도 배울 점이 있더라

"박 아모르파티 우리 집 강아지 이름이다. 배울 것이 진짜 많다. 인간보다 훨씬 낫다. 동물이라고 생각하지 말고 한번 배워보자. 인간도 동물도 진동이 나오는 똑같은 에너지 덩어리다."

우리 가족의 사랑하는 막내딸. 성은 박이요 이름은 아모르파티. 동물 나이로 8살이고, 이는 인간 나이로 환산하면 50대 중반이다. 내가 입양할 때 우리 집 강아지의 앞날이 사랑으로 가득했으면 좋겠다는 마음으로 박 아모르파티(애칭 '파티')로 작명을 했다.

이름대로 우리 파티는 정말 많은 사랑을 받으면서 살고 있다. 파티의 견종은 웰시코기인데, 나는 그 견종이 그렇게 털이 많이 빠지는 줄 몰랐다. 입양 초기에는 털 때문에 계속 잘 지낼 수 있을지 고민도 많이 했다. 8년을 넘게 같이 산책하고 대화(?)를 해보니 이제는 그렇게 많이 빠지는 파티의 털이 사랑의 털로 보이더라.

때로는 인간보다 낫더라

살면서 수많은 사업을 했고 많은 사람을 만났다. 그 과정에서 여러 번의 아픔을 겪었다. 파티보다도 못한 인간이 많다는 건 사실을 넘어 진리다. 때로는 파티처럼 살고 싶다. 동물처럼 살고 싶다는 말이 아니라 파티의 자세를 본받고 싶다는 말이다.

첫째, 파티는 절대 인상을 쓰지 않는다. 어떠한 일이 있어도 당황하거나 욱하지 않는다. 대신 먼저 상황을 파악하는 주도면밀한 자세를 가지고 있다. 함부로 판단하지 않는다. 아주 냉철하게 상황을 파악한다. 일단 가족인지 아닌지, 본인과 가족을 지켜야 되는 상황인지 아닌지 파악을 한다. 이 얼마나 냉철하고 우선순위 원칙에 입각한 상황 파악의 자세란 말인가. 우리 인간은 어떠한가? 냉철한 판단보다는 감정을, 상황에 대한 해석보다는 내 상황과 생각을 우선하지 않는가?

둘째, 파티는 목표에 대한 한결 같은 마음이 있다. 끝까지 포기하지 않는 자세. 대학생 아들이 클럽 가서 새벽에 들어오는 날이면 어김없이 파티는 현관에서 밤을 지새운다. 주인을 기다리겠다는 목표를 이룰 때까지 끝까지 움직이지 않는다. 자신의 목표를 잘 알고 있고 절대 스스로 포기하지 않는다.

인간인 우리는 살면서 정확한 목표를 알고 있는가? 목표를 떠나 정확한 존재의 의미를 알려고 노력해본 적은 있는가? 이 세상에 왜 태어났는지에 대한 진지한 고민은 몇 번을 해봤는가? 한번 태어난 세상에 어떻게 하면 기여하고 공헌할 수 있는

지 곰곰이 생각해본 적이 있는가? 나의 이 세상에 대한 사명감에 대해서 적어본 적은 있는가? 파티는 정확히 본인의 존재 이유를 알고 있다. 자신이 '주인과 주인 가족을 지키는 존재'임을 잘 알고 있다. 항상 그 존재의 이유를 증명하려고 노력한다.

셋째, 파티는 무엇이든 대충 하지 않는다. 100%로 진심을 다한다. 똥을 쌀 때도, 먹을 때도, 장난감을 가지고 놀 때도, 잠을 잘 때도 100% 진심이다. 대충 하는 법이 절대 없다. 최선과 진심을 다하는 모습이 느껴진다. 진심을 다하지 않는 일, 정성을 다하지 않는 관계, 최선을 다하지 않는 노력 등으로 혹시 오늘 하루를 도배하지 않았는가?

넷째, 파티는 일단 시작하면 그 일에 집중하고 다른 걱정은 하지 않는다. 반드시 한 번에 하나의 일에만 집중한다. 인간처럼 자면서 고민하고, 공부하면서 딴생각하고, 놀면서 일 걱정하고, 일하면서 놀 생각을 하지 않는다. 우리 인간은 얼마나 많은 걱정을 하는가? 그중에 90% 이상은 쓸데없는 생각이며, 창조적인 생각을 하지 않는다. 창조적인 생각이 들어오면 외면한다.

다섯째, 파티는 의사 표현이 확실하고 뒷담화가 없으며 비교하지 않는다. 잘했으면 칭찬할 때까지 꼬리를 흔든다. 잘못했으면 어디 짱 박혀서 나오지 않는다. 나름 반성의 자세를 취함으로써 본인의 행동에 책임을 지려는 것이다. 인간도 파티처럼 순수하고, 반성도 스스로 했으면 좋겠다.

남을 탓하고 비교하면서 걱정하는 인간의 모습은 분명 파티보다 못하다. 파티와 같은 순수함을 간직하고 싶다. 순수함은 약해 보여도 무엇보다도 강하다. 모든 면의 바탕이기 때문이다. 아들아, 딸아, 파티를 예뻐하면서 물고 빨지만 말고, 파티 눈을 보면서 그 속의 순수함을 배워보자. 인간이든 동물이든 다 똑같이 진동이 나오는 에너지 덩어리다. 배울 건 배우자. 파티에서 배우는 교훈을 실천만 해도 우리는 매일이 파티다.

기다리면 버스는 반드시 온다!
단, 정류장에 미리 가 있어야 한다

"기회를 삽아타려면 준비해야 한다. 그 과정을 즐기고 있다 보면 나에게 맞는 기회가 온다. 이를 위해 필요한 것은 돈과 건강이다."

아내와 차 한잔하다 네잎클로버와 세 잎 클로버 그리고 행복에 대해서 이야기를 했다. 클로버 무리에서 흔히 볼 수 있는 것이 세 잎 클로버다. 네잎클로버는 거의 만분의 1의 확률로 볼 수 있다. 네잎클로버를 보면 기분이 좋아진다. 쉽게 볼 수 없는 만큼, 네잎클로버가 행운을 상징하기 때문이다.

나폴레옹이 러시아 전쟁 중 포병장교 시절에 지나가다가 네잎클로버를 보고 너무도 신기해서 몸을 숙였다. 그때 나폴레옹 머리 위로 총알이 지나가면서 그는 살았다. 그래서 네잎클로버는 행운의 상징이 되었다.

행복에 필요한 두 가지

그렇다면 세 잎 클로버의 꽃말은 무엇일까? 바로 행복이다. 주변에서 흔히 볼 수 있는 세 잎 클로버의 꽃말이 행복이라는 것은 무엇을 의미하는 것일까? 항상 행복이 우리 주변에 있다는 말이 아닐까. 우리의 일상이 행복이란 말이다. 행복은 이미 현재 진행형처럼 내 안에 자리 잡고 있다는 말이다.

우리가 세 잎 클로버를 보고 그냥 스쳐 지나가듯이, 살면서 우리가 가지고 있는 행복을 느끼지 못하고 그냥 스쳐 지나가면서 살고 있지는 않을까? 사실은 지금 엄청 행복한데, 그걸 모르고, 아니 모르는 걸 넘어서 반대로 불행하다고 생각하고 있지는 않을까? 세 잎 클로버를 어디에서나 볼 수 있는 것처럼 우리의 행복도 사실 항상 나와 같이 있다는 사실을 명심하자. 내가 행복을 못 알아보는 것이다.

내가 살아보니 행복하기 위해서는 기본 조건이 필요함을 깨달았다. 그것은 바로 돈과 건강이다. 여기서 말하는 돈은 엄청 많은 돈이 아니다. 내가 경제 활동을 하면서 가족들과 돈 걱정 없이 살 수 있는 정도를 말하는 것이다. 물론 그 정도도 쉬운 것은 아니지만, 일단 돈은 있어야 된다. 자본주의 국가에서 사는 이상 경제 활동을 하면서 항상 돈은 벌어야 된다. 경제 활동도 안 하고, 행동도 하지 않으면서 행복은 돈과 상관없다고 말하는 사람들은 전부 무인도에 보내야 된다.

건강도 행복의 기본 조건이다. 지치고 힘들 때 병원에 한번 가보자. 멀쩡한 두 팔과 두 다리를 가진 사실이 그냥 행복이다. 어느 병원에 가든 느끼게 된다. 대한민국에는 아픈 사람이 엄청 많구나. 건강을 잃으면 전부 다 잃는 것이다. 명심하자.

행복하고 싶은가? 항상 경제 활동을 염두에 두고 공부하고 행동해라. 일주일에 무조건 4회 이상 운동하면서 건강해라. 이 두 가지를 외면하고 행복을 이야기한다는 것은 어불성설이다.

행운=준비×기회

행운 하면 무엇이 가장 먼저 떠오르는가? 로또 당첨, 아파트 당첨, 이벤트 당첨 등이 떠오르지 않는가? 보통 우리는 행운이라고 하면, '노력하지 않고 얻는 것'으로 생각한다. 그러나 진정한 행운은 준비된 자에게만 온다.

'행운=준비×기회'이다. 즉 준비가 되어 있지 않은 상태에서는 기회가 와도 행운으로 연결될 수 없고, 준비가 되어 있어도 기회가 오지 않으면 행운으로 연결될 수 없다. 행운은 준비된 사람이 기회를 만났을 때 생긴다고 할 수 있다.

행운의 운은 움직일 운이다. 움직이고 행동을 해야 운이 온다. 행운을 기대한다면 머릿속으로만 생각하지 말고 항상 몸을 움직여야 한다. 움직이지 않으면, 행운도 움직이지 않고 기회도 오지 않는다.

버스를 타고 어디를 간다고 해보자. 제일 먼저 버스를 타러 가기 위한 준비를 한다. 그리고 집에서 나와서 버스 정류장까지 걸어간다. 그리고 내가 원하는 버스가 오면 탄다.

이때 버스를 타러 간다는 이야기는 어딘가 가려는 목적이 있는 것이다. 버스를 타러 가기 위한 준비는 내가 정한 목적을 이루기 위한 행동으로 볼 수 있다. 버스 정류장까지 걸어간다는 의미도 행동이다. 버스정류장까지 걸어가면서 주변의 나무도 보고, 꽃도 보고, 하늘도 보고, 좋은 공기도 들이 마시면서 기쁨과 만족을 느낀다면 그것이 바로 행복이다. 즉 범사가 행복이다. 일상이 행복이다. 또 버스는 목적지까지 갈 수 있는 기회이다. 내가 기다리던 버스를 탄다는 것은 내가 정확히 기회를 잡았다는 뜻이다. 엉뚱한 번호의 버스를 타면 내가 원하는 방향으로 못 간다. 그 버스가 내게 맞는지 즉 기회가 내게 정말 도움이 되는지 구별하는 지혜가 필요하다.

시간에 맞춰 버스가 온다. 행운이다. 시간을 못 맞춰도 기다리면 또 온다. 버스처럼 행운은 계속 온다. 행운을 놓치지 않으려면 반드시 미리 버스 정류장에 있어야 된다. 행동하고 행복을 느끼면서 버스 정류장에 가 있으면 반드시 버스는 온다. 그리고 버스를 타기 위해 필요한 것은 돈(버스 요금)과 버스에 올라탈 수 있는 건강이다. 이것이 행복의 기본 조건이다.

행복은 자발적으로 내가 느끼는 것이며, 행운도 행동하는 자에게만 온다는 사실을 기억하자. 행복하기 위해서는 자발적으로 생각하고 주체적인 삶을 살아야 된다. 법륜스님 말씀대로

PART 1 진짜 행복을 찾아서

스스로 적게 쓰는 건 검소함이고, 타의에 의해 적게 쓰는 건 가난이다. 스스로 낮추는 건 겸손이고, 타의에 의해서 낮추는 건 비굴이다. 스스로 재물을 주는 건 기부이고 타의에 의해서 주는 건 강탈이다.

아들아, 딸아, 항상 주체적으로 생각하자. 범사가 행복이다. 행운은 반드시 준비된 자에게만 온다. 범사에 행복을 느끼고, 행운을 준비하면서 행동하자.

짜장이냐 짬뽕이냐는 그리 고뇌하면서
인생의 선택은 몇 초 만에 하더라

아빠의 한마디

"인생은 선택의 연속이다. 지금 내 삶은 100% 내가 선택한 것이다. 욱하지 마라. 욱해서 한 선택은 반드시 '욱!'하면서 가슴을 쥐어짜게 된다."

생각하는 인간, 관념의 인간은 진정한 인간이 아니다. 지금 시대는 행동하는 인간이 진정한 인간이다. 말하고, 바라고, 욕망하는 것보다 더 중요한 것이 행동하는 것이다. 행동하기 전에 반드시 해야 되는 것이 선택이다. 선택이 없는 행동은 존재하지 않는다.

인생은 선택의 연속이다. 인생은 B(Birth)와 D(Death) 사이에 있는 C(Choice)다. 우리는 매일, 아니 매시, 매분, 매초 선택을 하면서 살고 있다. 아침에 눈을 뜨자마자 선택이 시작된다. 5분만 더 잘까? 일어날까? 화장실을 먼저 갈까? 이빨을 먼저 닦을까? 소소한 선택은 하루 종일 계속된다.

점심 메뉴 고르기도 아니고

인생이 선택의 연속이란 말은, 지금 이렇게 살고 있는 나의 삶은 100% 내가 선택한 거란 말과 일맥상통한다. 살면서 아주 중요한 선택을 해야 될 때는 누구한테나 온다. 예외가 없다. 나는 지금껏 살면서 아주 중요한 선택의 순간이 10번 정도 있었다. 우리 아이도 살면서 분명 중요한 선택을 두고 고민하는 날이 올 것이다. 예를 들면 직장의 이직과 퇴사, 사업 아이템의 결정과 투자, 사람과의 관계를 계속할 것인가 말 것인가 등등.

직장인의 가장 큰 고민이 점심 메뉴 선택이란 우스갯소리도 있다. 밸런스 게임의 단골 질문은 '짜장면이냐 짬뽕이냐'일 만큼 메뉴 선택은 꽤 신경을 기울이게 된다. 하지만 고심 끝에 점심에 짬뽕을 먹었다면 내일 짜장면을 먹으면 된다. 그러나 인생의 중요한 선택은 짜장면, 짬뽕의 개념이 아니다. 그 선택으로 향후 10년 뒤, 20년 뒤까지 내 인생에 영향을 미치기 때문이다.

그런데 사람들은 점심에 짜장면을 먹을지 짬뽕을 먹을지는 엄청 고민하면서 인생에 큰 영향을 미치는 선택에는 깊게 고민을 안 한다. 지금 시대는 정말 중요한 게 무엇인지 계속 생각하면서 살아야 된다. 깊이 선택하지 않는 것은, 역설적으로 그 선택에 책임이 따른다는 사실을 무의식적으로 알기 때문이 아닐까. 선택에 따르는 책임을 회피하지 말고, 선택에 따르는 책임을 다하겠다고 한 번 더 생각해보면 어떨까. 선택을 너무 두려워하지 말자. 선택이 많다는 것은 바로 내가 성장하고 있다는 증거

이기 때문이다.

선택을 앞두고 고민이 된다면

지금은 선택이 인생을 좌지우지하는 시대다. 선택이 성장인 시대다. 그러니 선택을 즐겁게 받아들이고 두려워하지 말자. 나는 아빠로서 지금까지의 경험을 바탕으로, '인생의 중요한 선택지가 주어졌을 때 잘 고르는 방법'을 내 아이에게 몇 가지 알려주고 싶다.

첫째, 중요한 선택을 앞두고 반드시 산책을 해라. 혼자서 산책을 해라. 계속 걸어라. 지금 쓰는 이 책도 아침에 산책을 하면서 얻은 아이디어로 쓰고 있다. 산책을 하면서 계속 걸으면 영감이 저절로 떠오른다. 아이디어가 불쑥불쑥 나온다. 자연의 꽃도 보고 나무도 보고, 지나가는 자동차도 보면서 계속 걷는다.

걸으면서 가벼운 마음으로 내가 해야 될 선택지를 생각하면, 어느 순간 마음 저 깊은 곳에서 올라오는 소리가 들린다. 산책을 할 때는 나의 습관과 성향에 치우친 에고(ego)의 소리보다 진정한 내 마음속 깊은 곳의 소리가 나온다. 산책을 하는 명확한 이유다. 얼마나 걸어야 되냐고? 계속 걸어라. 비가 올 때까지 인디언들이 기우제를 지내듯이, 마음의 소리가 들릴 때까지 계속 걸어라. 반드시 들린다. 내가 이 방법을 20대에 알았더라면 지금 내 인생이 많이 바뀌었을 거라고 100% 확신한다.

둘째, 확증편향에 빠지지 말라. '확증편향'이란 심리학 용어로 내 생각과 일치하는 정보만 받아들이고 싶어 하는 마음이다. 내가 보고 싶은 것만 보고, 듣고 싶은 것만 들으려고 하는 자세다. 나는 과거에 이 확증편향이 아주 심한 사람이었다. 어떤 선택을 할 때 내가 생각하는 반대쪽의 선택에 대한 자료 수집이나 경청의 자세가 아주 부족했다. 내 선택이 틀릴 수 있다는 가능성을 항상 인정해라. 내 선택이 틀릴 수도 있다. 내가 아는 게 절대 다가 아니다.

셋째, 욱하는 성질을 버리고 5년 뒤 10년 뒤의 그림을 냉철하게 그려보라. 과거 내가 회사를 퇴사할 때 너무도 눈앞의 상황으로만 판단을 했다. 향후 5년 뒤 10년 뒤의 비전을 그리지 못하고, 현재 상황만 생각하고 결정을 했다. 욱하는 성질과 과도한 확증편향이 한몫을 했다. 항상 5년 뒤 10년 뒤를 생각하면서 결정하자. 절대 욱하지 말자.

인간이니까 항상 올바른 선택을 할 순 없다. 산책을 하면서, 내가 틀릴 수도 있는 오픈마인드로, 반드시 5년 뒤 10년 뒤를 생각하면서 마음의 소리를 듣고 선택을 하자. 내 인생 내가 100% 선택한 것이다. 남 탓할 일이 절대 아니다.

소크라테스를 만나도 밀리지 않고
대화할 수 있는 질문법

아빠의 한마디

"무조건 경청하라! 확대 질문과 한정 질문을 정확하고 적절하게 사용한다면, 소크라테스를 만나도 절대 기죽지 않고 대등하게 대화할 수 있다."

처음 만나는 고객이든 친구든, 지인이든 항상 질문의 수법을 자유자재로 사용할 수 있어야, 오픈 마인드로 진심의 대화가 된다. 서로 간의 정보도 얻고 관계의 발전을 이룰 수 있다. 처음에 쑥스럽고, 낯설다고 서로 아무 이야기도 안 하고 있으면 안 된다. 그 쑥스러움은 어색함을 낳고, 그 어색함은 마음의 문을 닫게 한다.

인간관계를 쌓는 초기에 아주 중요한 질문법에 대해 이야기해보겠다. 내가 신입사원 때 회사 영업사원으로서 교육받은 내용인데, 평생을 가슴속에 새기면서 활용했고, 실제 살면서 효과를 많이 본 질문법이다. 이 방법으로 상대방의 니즈(needs) 파악을 정확히 할 수 있어 인간관계의 기본을 확실히 다질 수 있다. 바로 확대 질문과 한정 질문이 있다.

확대 질문과 한정 질문

만약 새로운 사람을 만났는데 상대방이 너무도 말을 잘하고, 말을 하고 싶어 하는 유형의 사람이라면 '확대 질문'을 사용한다. 확대 질문은 넓은 질문, 광범위한 질문이란 뜻이다. 특히 처음 만났을 때 휩싸이기 쉬운 어색한 분위기를 극복하는 질문이라고도 볼 수 있다.

말하기를 좋아하는 상대방으로 하여금 자유롭게 이야기하도록 유도하는 질문을 하면 된다. 예를 들어 요즘 어떠세요? 요즘 하시는 운동은? 어려운 시기에 어떻게 지내세요? 이렇게 특정한 주제를 정하지 않고 넓은 범위로 던진다. 그러면 말하기 좋아하는 상대방은 알아서 대화를 이끌어 나가게 된다.

한정 질문은 특정한 주제와 소재로 질문하는 것으로 상대방의 대답을 한정하는 것이다. 주로 말을 잘 안 하고, 입이 무거운 상대방에게 활용하면 좋다. 짧은 답변을 유도하면서 상대방이 입을 열게 하는 것이다.

예를 들어 요즘 어려운 시국에 투자는 주로 주식으로 하세요? 아님 다른 투자를 하시나요? 책을 쓰신다는데 자기계발서인가요, 에세이인가요? 질문의 답을 '맞다, 아니다'로 한정하는 것이 한정 질문이다. 주로 한정 질문은 내가 대화를 이끌어 가기 위한 질문의 수법으로 만남 전 미리 준비를 하고 가면 좋다.

확대 질문으로 상대방이 말할 수 있도록 질문을 하다가, 서로 공감대가 형성이 되면 한정 질문으로 알고 싶은 부분들을 깊게 질문한다. 그 상황에 맞게 질문의 수법을 자유자재로 사용하면 된다. 꼭 영업뿐만 아니라 우리가 살면서 사람들과의 관계 속에서 질문을 안 하고는 절대로 살 수 없다. 질문이 없다는 것은 타인에 관심이 없다는 것이다. 모든 인간관계의 시작은 질문이다. 질문은 가정에서나 사회에서나 중요하다.

경청의 기술까지 더하기

나는 어느 누구와의 만남에도 부담을 느끼지 않는다. 그 비결은 확대 질문과 한정 질문의 기법을 자유자재로 사용할 수 있기 때문이다. 질문법에 경청하는 자세를 더하면 금상첨화다.

나는 사람을 만날 때 '무조건 경청한다.'라는 마음가짐을 갖추고 진심으로 경청한다. 그러면 상대방을 파악할 수 있다. 그다음에 확대 질문과 한정 질문을 정확히 사용한다. 이 사실만 기억하고 연습하면 어느 누굴 만나도 두려움은 절대 없다. 오히려 만남이 즐겁고 행복하다.

질문의 대가 소크라테스는 인간이 지닌 탁월함의 최고의 형태는 바로 자신과 타인에게 질문하는 것이라고 했다. "너 자신을 알라."의 소크라테스도 진리를 찾는 과정에서 엄청난 질문을 생활화 했다. 구체적으로 말하면 소크라테스는 확대 질문과 한정 질문의 대가였다.

다음은 소크라테스와 어떤 사람과의 대화 내용인데, 확대 질문과 한정 질문이 아주 조화롭게 이어지고 있음을 알 수 있다.

소크라테스 : 당신은 당신의 아내에게 어떤 남편이 되고 싶소?

상대방 : 좋은 남편이 되고 싶소.

이는 한정 질문이다. 바로 이어서 소크라테스는 확대 질문을 한다.

소크라테스 : 좋은 남편은 어떤 사람이요?

상대방 : 좋은 남편은 아내를 사랑하고, 보살피고, 돈도 많이 벌어다 주는 남편이죠.

다시 소크라테스가 한정 질문을 한다.

소크라테스 : 그렇다면 나도 당신의 아내를 사랑하고, 보살펴 주고, 돈도 많이 벌어다 주면 당신 아내에게 좋은 남편이 될 수 있겠네요.

비록 상대방은 욕을 바가지로 하고 집으로 갔지만 자꾸 소크라테스의 질문이 생각난다. 소크라테스는 모든 진리를 질문의 수법으로 찾고자 했다. 확대 질문과 한정 질문을 통해서 말이다.

질문이 없어진 사회는 더 이상 성장하지 못하며 깨달음도 없다. 서로 질문하지 않는 가족은 더 큰 행복의 가정으로 성장할 수 없다. 식당에 가서 가족끼리 온 테이블을 보면 거의 대화가 없다. 4명의 가족이 다 휴대폰만 거북목이 돼서 보고 있다. 한 두 살의 어린 아기들도 휴대폰에서 완전 두 눈이 고정이다. 질문하는 사회가 그립다. 질문하자. 확대 질문과 한정 질문을 잘 사용하면 소크라테스처럼 질문할 수 있다. 우리도 소크라테스처럼 진리를 찾을 수 있다.

절대 없는 세 가지,
반드시 있는 세 가지

아빠의 한마디

"공짜로 얻은 부는 반드시 다 나가고, 나갈 때 기존에 가지고 있는 것까지 같이 가지고 야반도주한다. 이득을 보면 반드시 의로운지 생각하라(견리사의). 공짜 좋아하면 어느새 대한민국 검사 앞에서 조사받고 있다. 세상에 공짜는 절대 없다. 세상에 절대 없는 것 3가지와 반드시 존재 하는 것 3가지를 이해하면 걱정이 사라진다."

조금 일찍 알았더라면 너무도 좋았을 진실에 대해 다루려 한다. 머릿속에 새기고 항상 기준으로 삼고 있는 내용이다. 바로 이 세상에는 진짜 존재하지 않는 세 가지가 있고, 반드시 존재 하는 세 가지가 있다는 사실이다.

인생에 있어 없는 세 가지

정답과 비밀 그리고 공짜는 이 세상에 없다. 세상에 정답은 없다. 사람 팔자 절대 알 수 없다. 세상은 이렇게 해라, 저렇게 해라라는 보편적인 가치관은 존재하지만, 완벽한 정답은 없다. 보편적인 가치관도 사실은 정답이 아니다. 지구 모양이 어느 시대에는 네모가 정답일 때도 있었다. 애초에 인생이 정답 없는 문제지인데 너무 정답을 찾으려고 고민할 필요가 전혀 없다. 그냥 우리 인생사 정답이 없다고 알면 된다. 행동하면서 느끼고 경험하고, 내면의 나의 목소리에 진심으로 귀 기울이고, 나를 알아가는 과정이 우리 인생이고 삶이다. 세상에 정답은 절대 존재하지 않는다. 과정만이 존재 할 뿐이다.

세상에 비밀은 없다. "너한테만 말하는 것이다."라는 말. 술 먹으면서 "이건 진짜 처음 이야기하는 것이다."라는 말. "다른 사람한테 이야기하면 절대 안 돼."라는 말. 이런 말 즐겨 하는 사람 그냥 손절해라. 세상에 비밀은 없으니 비밀을 만들지 말자.

세상에 공짜는 없다. 이건 정말 불변의 진리다. 공자 논어 헌문편에 보면 자로가 완성된 인물의 조건을 묻자. 공자는 완성된 인간의 조건 중 하나가 바로 "견리사의 즉 이득을 보면 의로움을 생각하라."고 했다. 살면서 어떤 이득이 나한테 왔을 때 그이득이 정말 의로운지 즉 적절하고 타당한지 먼저 살펴봐야 된다. 세상에는 절대 공짜가 없기 때문이다. 의롭지 않은 이득은 반드시 탈이 난다. 탈나는 데 시차는 있어도 오차는 절대 없다.

필요 이상의 돈이 나한테 왔을 때, 내 노력에 비해 너무도 과한 경제가 왔을 때, 상식에 안 맞는 제안을 받았을 때, 이럴 때 반드시 제일 먼저 생각해라. 세상에는 공짜가 없다. 절대로! 공짜로 취한 부는 언젠가 다 나가고 반드시 내가 가지고 있는 부도 같이 가지고 야반도주한다.

나도 살면서 투자 사업을 했기 때문에 자금 상황이 아주 안 좋았던 경험을 몇 번 했다. 내가 그때 "세상에는 절대 공짜가 없다."라는 말을 망각한 때였다. 나의 노력보다 더 가지려고 했던 공짜 마인드, 그건 서서히 내 몸을 망치는 독약이다.

자세가 전부다

나의 인생 가치관은 'Attitude is everything(자세가 전부다)'이다. 자세가 엄청 중요하다. 골프 이야기를 해보면 나는 구력이 25년인데, 처음에 잘못 배운 자세를 아직도 못 고치고 있다. 한번 몸에 익숙해지면 고치기 쉽지 않다. 운동뿐만 아니라 우리가 인간으로 살면서 갖추어야 될 자세는 너무도 중요하다. 지금부터 올바른 자세로 삶에 임하자.

자세가 전부이자 기본이다. 기본을 잘 지키는 자세가 살면서 아주 중요하다. 인간관계의 자세 중 가장 기본은 시간을 잘 지키는 것이다. 약속시간에 절대 늦지 않는 비법이 있다. 가령 약속시간이 5시라고 해보자. 그러면 일정에는 4시 30분으로 메모한다. 5시라는 생각을 처음부터 지우고 4시 30분에 맞춰 준비하면 절대 약속 시간에 늦지 않는다.

인생에서 중요한 자세는 기본자세와 응용자세가 있다. 적절한 자세의 조합이 중요하다. 예를 들어 지금 군복무 중이라고 해보자. 그럼 일단 기본적인 자세는 군인으로서 국방의무를 다

하는 것이다. 응용자세는 쉬는 시간, 저녁시간, 자유시간에 독서를 하고, 학교에 복학할 준비를 하는 등등의 미래를 준비하는 자세다. 과거에는 기본 자세를 중시하는 사회였다. 지금은 4차 산업혁명시대를 사는 시대다. 응용자세도 기본 자세 못지않게 아주 중요해진 시대가 되었다. 기본자세와 응용자세는 군대 총검술에만 있는 것이 아니다. 우리 삶에 반드시 적용해야 될 덕목이다. 지금 힘든가? 나의 자세를 점검해보라. 삶에 대한 기본 자세와 응용 자세를 점검하라.

사실 살면서 기본자세만 잘 지켜도 문제는 없다. 국민들을 먼저 생각하는 기본적인 자세를 갖춘 정치인, 아이들을 교육의 대상이 아닌 사랑의 대상으로 보는 부모들, 자신의 내면에 항상 귀 기울이면서 공부하는 학생들. 이러면 아무 문제없다. 자세가 전부다.

반대로 자세가 안 좋은 사람은 만나지 말자. 특히 기본적인 자세가 안 좋은 사람들은 그냥 손절하자. 시간 약속 안 지키는 사람(매번 늦는 사람), 돈 관계 희미한 사람(내 돈은 내 돈, 남의 돈도 내돈), 남 험담하는 사람(이런 사람 반드시 나도 험담한다)……. 이런 사람은 그냥 연락처에서 빼버려라.

이 또한 지나가리라

이는 내가 30대 때부터 외치는 말이다. 한때 정말 힘들고 외로운 시기가 있었다. 사람 사이의 관계에서 기쁨도 있었고, 슬픔도 있었다. 그러나 중요한 건 이 모든 것은 다 지나가더라. 지나가지 않는 건 하나도 없다. 이를 알기에 나는 크게 놀라거나, 실망하거나, 너무 기뻐서 흥분하지 않는다. 아이가 지금 많이 힘들어한다면 말해주고 싶다. 미래에 대한 고민 너무 하지 마라. 모든 일도 시간도 다 지나간다. 이것 또한 지나가리라. 지금 이 순간에 정성과 진심을 다할 뿐이다.

한편, 이 세상에 반드시 존재하는 세 가지가 있다. 바로 저 하늘의 해와 달 그리고 우리 가슴속에 빛(희망)이다. 우리 안에 사랑의 빛은 영원히 존재한다. 우리는 사랑의 존재다. 우리는 사랑을 먹고 사는 존재다. 우리는 사랑의 힘으로 산다.

저 하늘에 떠 있는 해와 달이 항상 존재한다는 사실은 알고 있으나, 정작 내 마음속에 사랑의 빛, 희망의 빛이 반짝 인다는 사실은 모른다. 내 안에 따뜻한 사랑의 빛이 있다. 그래서 우리는 어떤 감격스러운 일이 있을 때 가슴이 뜨거워짐을 느낀다고 표현한다. 뜨거운 사랑의 가슴이 항상 존재 한다는 사실을 기억하자.

정답과 공짜가 없는 세상에 이것 또한 지나간다는 편안한 생각으로 항상 기본에 충실하면서 오늘도 마음의 빛(사랑)을 느끼는 하루 아니 지금 이 순간을 살았으면 좋겠구나. 인생 그게 다다. 별거 없다. 내 가슴속의 사랑의 빛이 다다. 인생 어렵게 생각하지 말자.

2

모든 인간관계에는
유효 기간이 있다

내 마음이 편하지 않은 인간관계는
과감하게 정리하라

"인생 참 짧다. 짧은 인생 살면서 내가 맺은 인간관계가 인연
인지, 악연인지까지 구분하면서 살아야 된다. 내 마음이 편하
지 않은 인간관계는 과감하게 구조조정 하라. 인간관계 구조
조정! 당하지 말고 당당하게 내가 해라."

모든 인간관계에는 유효기간이 있다. 인생 참 짧다. 짧은 인생
살면서 내가 맺은 인간관계가 인연인지, 악연인지까지 구분하
면서 살아야 된다. 살다 보면 인간관계가 제일 어렵다. 우리가
받는 스트레스 원인의 대부분은 사람관계다. 인간들 사이의 관
계에서만 스트레스가 존재한다. 이 스트레스를 아예 안 받고
살 수는 없다. 최선의 방법은 현명하게 인간관계를 하는 것이다.
그것도 싫으면 그냥 무인도로 가서 혼자 살면 된다. 하지만 혼
자 사는 스트레스가 더 크지 않을까.

  법정스님은 함부로 인연을 맺지 말라고, 스치는 인연은 그
냥 지나치고, 헤프게 인연을 맺지 말라고 했다. 나는 모든 인연

에는 유효기간이 있으니 신중하게 인연을 맺으라는 말로 이해했다. 냉장고 안에 있는 음식은 전부 유효기간이 있다. 유효기간이 지나면 버린다. 마찬가지로 유효기간이 지난 인간관계는 과감히 버리자. 사람과의 관계 때문에 너무 힘들어 하지 말자. 유효기간이 지났다고 생각하면 마음이 편하다. 유효기간이 지난 인연을 자꾸 이으려고 노력하는 건 냉장고 안에 유효기간 지난 음식을 자꾸 먹으려고 하는 것과 똑같다. 배가 아프고 반드시 탈이 난다.

관계의 유효기간

지금은 친구가 좋고, 그 친구들과의 시간이 너무도 행복하겠지만, 그 친구들과의 유효기간(인연)은 생각보다 짧다는 말을 아빠로서 아이에게 해주고 싶다. 그 관계를 소홀히 하라는 말은 절대 아니다. 당연히 정성을 다해야 된다. 그러나 그 중심에는 반드시 내가 있어야 된다. 나의 진심이 없는 인간관계, 나의 마음을 상실한 인간관계, 내가 단단하게 바로 서지 못한 인간관계……. 그런 인간관계는 유효기간이 엄청 짧다. 결국 인간관계의 유효기간도 다 내가 만드는 것이다. 내가 설정하는 것이다.

상대방을 위한 정성이 인간관계의 기본이다. 내가 먼저 해주고 바라지 않는 마음이 중요하다. 베풀고 나서 마음속으로 보답을 계속 바란다면 그 관계는 절대 오래 못 간다. 살면서 어떤 일이든 대가를 바라면서 한다면 그냥 하지 마라. 남에게 베푸는 아름다운 파동이 보답을 바라는 아름답지 못한 파동과 충돌한다. 항상 아름답지 못한 파동의 힘이 더 세다. 결국 베푸는 마음은 상쇄돼서 없어진다. 보답하기를 바랄 것 같으면 아예 처음부터 베풀지 마라. 상대방은 다 안다. 나만 상대방이 안다는 사실을 모른다.

지렁이는 흙이 있어야 편안하고, 고기는 물이 있어야 편안하고, 맹수들은 산이 깊어야 편안하다 사람은 인간관계가 좋아야 편안하다. 반대로 이야기하면 내 마음이 편안하지 않은 인간관계는 하지 마라. 내 마음이 편하지 않은 인연은 과감히 폐기처분하자. 내 마음이 편하지 않다는 것은 유효기간이 다 되었다는 뜻이다.

항상 인간관계에서 내 느낌을 중요시하라. 내 생각은 긍정적이나 느낌이 안 좋다면 느낌을 따라야 된다. 느낌은 신이 주신 최고의 선물이다. 만나고 나면 가슴이 답답한 느낌이 들거나 힘이 빠지는 느낌이 든다면 그 관계를 유지할지 고심해보자. 반대로 만남 후 동기부여를 받고 너무도 힘이 난다면 그 관계를 지속하자.

나의 진심은 진실한 사람한테만 쏟아야 된다. 나의 진심과 상대방의 진실이 없으면 서로 고통을 받고, 그 고통은 어떤 고통보다 더 아프다. 지금 사람 때문에 힘들다면 먼저 내가 진심이었는지를 돌아보고, 내가 백번 생각해도 진심이었다면 상대방이 진실하지 않은 것이다. 너무 힘들어하지 마라.

인연의 양보다 질을 중요시해라. 나를 끝까지 믿어주는 한사람이 나를 믿는 척하는 100명보다 훨씬 낫다. 살면서 나를 끝까지 믿어주는 단 한 사람을 만난다는 것은 그만큼 힘들다. 이런 소중한 인연도 죽음이라는 유효기간을 가지고 있다. 누구나 죽는다. 아무리 좋은 인연도 죽음과 함께 물리적인 관계는 끝난다. 유효기간 내에 음식을 맛있게 먹듯이, 소중한 인연이라면 지금 이 순간, 지금 이 시간에 정성을 다하자. 소중한 인연도 죽음이라는 유효기간을 넘을 순 없으니까. 유효기간이 끝나도 후회하지 않는 인생을 살기위해서 지금 만나는 인연에 진심과 정성이라는 양념을 추가하자.

사람을 만나면 공들여 명상하라
기분 좋게 공명하라

"사람들을 만날 때 긍정적인 인상으로 받아들여라. 절대 부정적인 인상으로 받아들지 말자. 100% 상대방도 나와 같은 인상으로 받아들이기 때문이다."

골프 18홀 동안 홀인원을 2개 했다. 너무 기쁘다. 진짜 기쁘다 그런데 그 기쁨이 오래가지 못한다. 축하해주고 사랑해주고, 기뻐해주는 사람이 없다. 무인도에서 했기 때문이다. 사람들은 만남 속에서 행복해하고 기뻐한다. 기쁨과 슬픔을 좌지우지하는 사람들과의 만남을 잘 유지하는 방법을 경험담과 함께 이야기해보겠다.

사람들과의 만남 참 어렵다. 그리고 '우리 만남은 우연이 아니야, 그것은 바람이었어~'라는 노래 가사는 진실이다. 연예도 사랑도 비즈니스도 전부 만남을 기초로 한다. 그 기초 위에 사랑이 놓이면 연애를 하는 것이고, 서로 간의 이익이 놓이면 비즈니스를 하는 것이고, 서로 간의 호감이 놓이면 우정을 나누는 것이다. 반면 증오, 미움, 질투 등이 놓이면 그 만남은 언제

터질지 모르는 폭탄이 된다. 폭탄의 존재만으로도 스트레스가 작용해 내 영혼과 육체를 파괴한다.

다른 것뿐 틀린 게 아니다

장자의 산목편에 나오는 빈 배 이야기를 한번 보자. 어떤 사람이 배를 저어 강을 건너고 있는데, 배가 와서 부딪혔다. 화가 나서 씩씩대며 돌아보니 부딪힌 그 배에는 아무도 없었다. 순간화가 식었다. 만약에 부딪힌 배 안에 사람이 있었다면 고래고래소리를 질렀을 테다. 계속 부딪히면 죽이니 살리니 몸싸움으로 번졌을지도 모르고.

배를 타고 강을 건너는 사람도 똑같은 사람이고, 다른 배가 와서 부딪히는 상황도 똑같은데 왜 사람이 없으면 화를 안내고, 사람이 있으면 화를 낼까? 장자는 여기서 이야기하는 것은 무엇일까? 어떤 상황에도 화내지 말고 상대방을 빈 배로 보라는 의미도 있지만, 내가 타고 강을 건너는 나의 배를 빈 배로 만들라는 뜻으로 나는 이해했다. 내가 빈 배가 된다면 아무도 나한테 욕을 하지 않겠지. 내가 빈 배를 보고 욕을 안 한 것처럼. 내 마음속의 트라우마, 남과의 비교, 돈에 대한 욕심, 관계에 대한 집착, 부정적인 생각, 부정적인 말을 내 배에서 비우자.

그리고 상대방을 빈 배로 보자. 즉, 나와 다름을 인정하라는 뜻이다. 모든 만남의 괴롭고 힘든 것은 모두 다 내 마음속에서 일어나는 것임을 명심하자. 동쪽을 서쪽이라고 말한다고 무작

정 화낼 것이 아니라 '저 사람이 서 있는 장소에서 보면 서쪽일 수 있겠구나.'하고 서로의 다름을 인정하는 것이다.

상대방의 환경과 처지를 배려하려는 마음. 자기 배를 빈 배로 만들고, 남의 배를 빈 배로 바라보는 마음이 인간관계의 기본과 본질이라고 생각한다. 그 기본을 지킨다면 지금 시대처럼 너무도 촘촘하게 얽힌 만남 속에서 스스로가 스스로를 지킬 수 있다. 지금부터 정신 바짝 차리고 인간관계의 기본 개념을 잘 정립하고 살아야 행복한 삶, 사기 안 당하는 삶을 살 수 있다.

나는 20~30대 때 사람들과의 관계를 너무도 무 자르듯이 생각했다. 약속시간에 5분 늦으면 사람 취급을 안 했다. 출근을 늦게 하는 직원을 용서할 수 없었다. 겉으로 보면 맞는 말 같지만, 상대방이 그럴 만한 사정이 있을 수 있다는 배려의 생각은 조금도 안 했다. 살아보니 삶이란 그렇게 무 자르듯이 자른다고 해서 내 마음이 편하거나, 성공적인 인간관계를 유지하는 건 절대 아니더라.

만남의 긍정적인 에너지를 높이는 비법

나는 사람들을 만날 때 속으로 계속 반복하는 말이 있다. "첫인상이 너무 좋으신 분이구나.""미소가 참 예쁘시네.""인상이 참 좋으시다.""좋은 분 같아.""피부가 참 좋으시네."등등 긍정적인 말이다. 이는 비즈니스 미팅, 지인과의 만남 등 어떠한 경우에도 다 적용된다.

'공명현상'은 같은 진동수에서 한쪽이 움직이면 다른 쪽도 똑같이 움직이는 걸 말한다. 내가 상대방에 대해 어떻게 생각하느냐는 공명현상을 일으킨다. 그러면 상대방도 나와 똑같은 생각을 한다. 내가 '얼굴이 참 좋으시네.'라고 속으로 생각하면 상대방도 내 얼굴이 참 좋다고 생각한다. 틀림없다.

반대로 '이 사람 참 얼굴이 안 좋네. 무슨 일 있나?'라고 생각하면 상대방도 똑같이 생각한다. 심지어 내가 잠도 많이 자고, 사우나도 하고 아주 멋지고 컨디션 좋게 만난 자리에서 상대방이 나보고 얼굴이 안 좋다고 하더라. 그런 날은 어김없이 내가 상대방의 얼굴을 안 좋게 생각한 날이다. 이런 부정적인 생각이 계속 공명 현상을 서로 일으키는데 대화가 긍정적으로 진행될까? 절대 안 된다.

만남의 성공은 긍정적인 생각과 사고의 쌍방 교류로 결정된다. 나는 사람 만날 때 "오늘 피곤해 보이시네요?" "얼굴색이 안 좋으신 거 같아요?" "힘드세요, 요즘? 살이 많이 빠지셨는데 무슨 일 있으세요?" 등의 부정적인 이야기는 절대 입 밖으로 내지 않는다. 속으로도 생각하지 않는다.

상대방의 얼굴이 진짜 안 좋은데도 그렇게 생각을 해야 되냐고 물으면 'YES'라고 답하겠다. 예를 들어 상대방의 얼굴에 약간 홍조가 있다면 "얼굴이 빨갛네요. 담배 피우시나요?"라는 말 대신 "혈색이 좋으시네요."라고 긍정적으로 말한다. 그리고 생각도 똑같이 한다. 그럼 서로 공명한다.

계속 실천을 해보면 아주 자연스럽게 긍정적으로 생각하게 된다. 나중에는 상대방의 긍정적인 모습만 찾으려는 자신을 발견하게 된다. 상대방도 나의 긍정적인 면만 본다. 공명현상의 힘이다. 진심으로 믿고 실천해보면 정말 그 효과에 놀랄 것이다. 그리고 자신감이 붙을 것이다. 인간관계, 만남 참 쉽다.

코칭과 티칭의 차이가
하버드와 서울대의 차이다

"우리의 뇌는 느낌표(!)로 일하지 않고, 물음표(?)로 일한다. 질
문하는 순간 뇌가 방향을 잡기 시작하고, 몸이 앞으로 움직
인다. 질문이 행동의 엔진이다."

아기들은 항상 밝고 즐겁고 울고 싶을 때 울고, 웃고 싶을 때 웃
는다. 학교 가기 전 아이들은 꽁알꽁알 말도 잘하고 항상 밝다.
그렇게 밝은 아이들이 점점 커 가면서 점점 어두워진다. 특히
우리나라에서는 초등학교를 가는 순간부터 웃음과 기쁨이 없
어진다. 그 중에 가장 큰 것이 없어지는데 바로 질문, 즉 질문하
는 습관이 없어진다. 참으로 안타까운 현실이다.

엄마, 이게 뭐야? 아빠, 이건 어떻게 움직이는 거야? 아빠, 이
꽃 이름이 뭐야? 사실 아이들의 대부분의 문장은 질문으로 구
성되어 있다. 그런 호기심과 창의성의 바탕이 되는 궁금함의 질
문이 점점 커가면서 사라지고 없어진다.

질문이 점점 사라진다는 의미는 무엇일까? 그만큼 생각하
지 않고, 깊게 사고하지 않고, 정보를 얻으려고 하지 않고, 창의

적으로 사물을 바라보지 않는다는 말이다. 우리가 살면서 잘 인식하지 못하지만, 정말 중요하고 가치 있는 나를 성장시키는 힘이 바로 질문이다.

가벼운 질문과 무거운 질문

실리콘밸리의 초등학교에서는 학생들이 입학하자마자 가르치는 것이 질문하는 방법을 가르친다. 가벼운 질문(Thin Question)과 무거운 질문(Thick Question)에 대한 개념을 설명한다. 서로 질문하고 대답을 찾는 과정을 실습하면서 질문의 중요성을 초등학교 입학하자마자 배운다. 가벼운 질문은 책이나 학교에서 그 답을 찾을 수 있고, 무겁고 깊이 있는 질문은 자기성찰을 통해서 답을 얻을 수 있다는 사실을 가르친다. 실제 깊이 있는 질문을 하고 잠깐 생각하는 시간을 많이 갖는다. 생각을 많이 한다.

질문하고 토론하고 거기에서 솔루션을 찾는 교육 방식으로 자란 학생, 성인들이 있는 미국을 우리가 과연 따라잡을 수 있을까? 입시 위주로 흘러가는 대한민국 교육 환경에서는 이런 방식의 수업을 찾아볼 수 없다. 질문은 너무도 중요한 영역인데 우리나라 교육에는 아예 없다. 정말 슬픈 현실이다. 한국은 아이들을 티칭(Teaching)하지만, 미국은 아이들을 코칭(Coaching)한다. 전자는 일방통행이고 후자는 쌍방통행이다. 그 차이가 바로 미국을 강대국으로 만든 것이다.

질문이 왜 중요할까? 질문을 하는 순간 우리 뇌는 움직이기 시작한다. 생각하는 뇌로 바뀐다. '오늘 가장 중요한 일이 뭐지?' 라는 질문을 스스로에게 진지하게 한다면, 바로 그 순간 뇌는 오늘 할 일을 우선순위별로 소트(sort)하는 일을 한다.

나는 정말 어렵고 힘든 상황에서 "아! 힘들다. 죽겠다."라는 말보다는 일단 질문을 한다. "계속 어렵다면, 최악의 상황은 무엇일까?"라고 질문을 한다. 그럼 가장 최악의 상황에서의 해결책을 생각한다. 그럼 지금의 어렵고 힘든 상황이 아주 심각하게 느껴지지 않는다.

모든 생각을 질문으로 바꿔라. "아이, 피곤해."를 "왜 피곤하지? 피곤한 이유가 뭘까?"로 "와이프는 맨날 화를 낸다."를 "와이프에게 무슨 일이 있나?"로 "아이들은 공부를 안 한다."를 "아이들이 무엇을 할 때 가장 기뻐하지?"라는 질문으로 바꿔라. 그러면 뇌가 일하기 시작한다. 관념의 인간에서 행동하고 실천하는 인간으로의 전환 그 시발점은 바로 질문, 질문이다.

에디슨이 전구를 발명할 때 1200번 이상의 실패를 하였고, 라이트 형제는 800번 이상 비행 실패를 경험했다. 우리는 물론 이런 이야기를 들을 때면 "실패는 성공의 어머니다."라는 말을 먼저 떠올린다. 그런데 이렇게 한번 생각해보면 어떨까? 과연 에디슨과 라이트 형제가 그 수많은 실패를 거듭하면서 질문을 했을 것이다. 왜 안 되었을까? 그럼 저 방법은 어떨까? 등등. 실패할 때마다 질문하고 답을 찾기 위해 시도하고 행동하지 않았을까? 포기하는 대신 질문했다. 틀림없다. 이 세상에 탄생한 모든 발명과 발견은 바로 질문에서 시작을 했다.

인간관계에서 질문은 서로의 마음을 열게 하고 정보를 얻는 데 꼭 필요하다. 서로 간의 마음을 여는 중요한 포인트는 서로의 진심을 아는 것인데, 그것은 바로 질문으로 시작한다. 우리가 병원에 가면 의사가 모든 것을 다 알 거 같지만 사실은 아니다. 의사가 가장 많이 의존하는 것이 바로 환자의 문진표다. 그 문진표가 바로 질문 그 자체. 질문에 답을 진심으로 하면, 의사가 환자의 정보를 정확히 얻고, 그 정보를 토대로 환자와 오픈 마인드가 형성 된다. 문진표 자체가 의사의 질문이고 그 질문이 결국 환자 치료의 시작인 것이다.

지금 나를 정말 힘들게 하는 것은 무엇일까? 지금 이 어려움이 나에게 주는 교훈은 무엇일까? 이 어려운 환경을 개선하기 위해 지금 당장 내가 해야 될 일은 무엇일까?

생각거리를 질문의 형태로 바꾸는 순간 우리 뇌는 움직이기 시작하고, 우리 몸은 행동하기 시작한다. 뇌가 방향을 잡기 시작하고 몸이 앞으로 나가기 시작한다. 질문이 행동의 엔진이다. 질문으로 시작한 뇌와 행동은 우리에게 항상 최적의 솔루션을 제공한다.

우리는 살면서 진지하고 진심을 다해 자기 자신에게 질문하는가? 혹시 사지선다형의 문제 풀이에 익숙해져서 질문하는 법을 아예 모르는 것은 아닌가? 한번 스스로에게 질문해보자.

내가 태어난 이유가 무엇일까? 이 세상에서 내가 진정 원하고 좋아하고 잘하면서 남을 이롭게 하는 일이 무엇일까? 내 인생의 사명감은 무엇일까? 나는 부모님에게 효를 진심으로 실천하고 있는가? 나는 내 친구와 지인들에게 진심을 다하는가?

질문하지 않으면 아무도 모른다. 제발 질문하자. 답이라고 생각하는 거 찍지 말고!

오지랖은 사람도 죽인다

아빠의 한마디

"인간관계 스트레스, 받지도 말고 주지도 말자. 진심과 정성으로 경청하고 제발 오지랖 떨지 말자."

인간관계를 쌓을 때 상대에게서 스트레스 받지도, 상대에게 스트레스 주지도 말자. 인간관계를 잘하기 위한 실천 포인트 몇 가지를 이야기해보자.

팀 경기에서 수비만 잘하는 팀이 이길까? 공격만 잘 하는 팀이 이길까? 공격은 상대의 수비를 뚫기 위함이요. 수비는 상대의 공격을 막기 위함이다. 공격과 수비를 모두 잘해야 이길 수 있다. 수비와 공격을 유연하게 대응하는 팀이 이긴다. 마찬가지로 한쪽에 치우치는 삶이 아닌 균형의 삶을 살아야 된다. 항상 경계에 서서 균형을 유지해야 된다.

귀는 두 개, 입은 한 개

살아보니 균형보다 한쪽에 치우치는 것이 훨씬 좋은 게 있더라. 바로 말하기보다는 듣기다. 말하기보다 경청이 훨씬 더 중요하다. 인간관계의 가장 중요한 팁은 바로 경청이다. 최소한으로 말하기 위해서는 상대방의 말을 최대한 듣는 게 중요하다. 귀가 두 개고 입은 한 개다. 한마디 하고 두 마디 듣자.

내가 한창 영업하던 시절에 정말 어렵고 까다로운 대기업 부장님 고객이 여의도에 있었다. 10년 넘게 영업을 하면서 담당하던 고객이다. 그 고객과 만나면 내가 하는 일은 거의 4-5시간, 그의 말을 들어주는 것이었다. 정말 그게 다였다. 거의 일주일에 3~4회는 만나 꼬박 이야기를 들었다. 그런데 어느 날 이런 말씀을 하시더라. 박 팀장은 참 말을 잘한다고. 나는 정말 말을 많이 안 했고, 듣기만 했다.

그때 알았다. 경청만 잘해도 내가 말을 잘하는 효과를 100% 낼 수 있구나. 계속 듣다가 포인트만 이야기해도 말을 잘하는 사람이 되는구나. 그 이후로 경청의 습관이 자연스럽게 생겼다. 나는 경청이 제일 쉽다. 그리고 경청이 제일 중요하다는 사실도 잘 안다.

경청에서 제일 중요한 건 눈으로 듣고, 눈으로 말하는 것이다. 말은 입이 하고, 듣는 건 귀가 하지만 실제는 눈으로 말하고 듣는 것이다. 그러지 않은 말은 진심이 없는 것이다. 상대방은 다 안다. 말하는 나의 가슴도 다 안다. 눈으로 말하고 눈으로 경청하자. 눈이 진심인 사람과 만나자.

오지랖을 떨지 마라

뒤돌아보면 나는 참 오지랖이 넓었다. 오지랖은 긍정적인 인간관계로 연결된 적이 없었다. 오히려 피해로 연결된 적이 더 많았다. 오지랖 관련 논어의 이야기를 한번 보자.

공자의 논어에 보면 미생이라는 사람이 나오는데 이 인물은 어떤 사람이냐 하면, 자기 집에 식초를 빌리러 온 이웃이 왔는데 자기 집에 식초가 없으면 옆집 가서 빌려다가 준다. 이런 행위가 과연 옳을까? 절대 아니다. 이것이 진정 오지랖이다. 없으면 없다고 솔직하고 정직하게 이야기하는 것이 인간관계의 기본이다.

결국 미생은 자기 여자친구를 다리 밑에서 기다리다가 엄청난 홍수를 만났다. 여자친구를 기다려야 된다는 자신의 믿음 때문에 물을 피하지 않고 물에 빠져 죽었다. 우리가 오지랖이 넓거나, 융통성이 없는 사람을 보면 미생의 믿음 즉 '미생지신'이라고 한다.

인간관계에서 미생지신을 조심해야 된다. 그러기 위해서는 모든 인간관계의 중심이 바로 나라는 생각을 가져야 된다. 이기적으로 생각하라는 말이 아니다. 내가 바로 서야 인간관계도 바로 설 수 있다는 말이다. 내가 믿을 만해야 믿음의 인간관계가 있는 것이고, 내가 정직해야 정직한 인간관계가 있는 것이다. 나의 욕심이 사기꾼과 얽히는 인간관계를 만든다. 나의 오지랖이 피곤한 인간관계를 만든다.

미생의 믿음이 아닌 정직한 인간관계, 미생의 고집이 아닌 물과 같은 인간관계가 필요하다. 물은 항상 자기보다 낮은 곳으로 흐른다. 겸손 그 자체다. 물은 절대 다투지 않는다. 장미를 이쁘게 키운 물이지만 절대 생색을 내거나 잘난 체를 하지 않는다. 장미가 자기의 아름다움을 뽐낼 때 밑에서 묵묵히 자기 할 일만 한다. 그런 물의 겸손함이 바로 인간관계의 기본이자 진리다.

만남에 정성을 다하라

사업하면서 힘들었던 2005년. 당시 누가 봐도 비호감인 사람이 있었다. 나는 그 사람과의 만남에 정성과 진심을 다했다. 비즈니스 관계는 없었으나, 만나는 시간만큼은 경청하고, 눈으로 정성을 다했다. 그랬더니 그 사람이 어느 날 다른 사람을 소개해주었다. 강남에서 사업을 크게 하는 사람과 연결이 되었다. 그 사람과 새로운 사업을 시작한 덕분에 힘든 시기에 일어날 수 있었다. 내가 만약 비 호감인 그분께 진심을 다하지 않았다면 소개가 되었을까.

사람들은 귀인, 귀인 하면서 귀인을 기다린다. 귀인은 반드시 우리 주변에 있다. 우리 주변에 없다면 우리 주변 사람과 연결되어 있다. 갑자기 귀인이 나타나는 일은 절대 없다. 그래서 어떤 인연이든 정성을 다해야 된다. 인간관계는 점이다. 연결이 되면서 선이 그려지는 건 내가 하기 나름이다. 점은 항상 내 가까이 있다. 연결의 원리는 정성과 진심이다. 정성과 진심으로 점을 연결하라.

지금 만나는 사람에게 진심과 정성을 다해라. 진심과 정성을 못할 거 같으면 만나지 마라. 진심과 정성을 다하지 않으면서 귀인이 나타나길 바라는 것은 보신탕집 하면서 애완견 협회 회장이 되려고 하는 것이다. 사람인(人)를 보면 사람 둘이 서로 기대어 있는 모습으로 되어 있다. 사람은 사람과 사람 사이에서 관계를 하며 살아가란 뜻이다. 진정한 행복은 관계에서 나온다. 물질에서 주는 행복은 유효기간이 있다. 외제차 구입 행복 기간 6개월, 넓은 집 행복기간 1년, 명품 가방 행복 기간 3개월이다. 관계의 행복이 유효기간이 없는 진정한 행복이다.

부정적인 감정은
어디에서 오는 걸까?

"모르는 사람이 아는 척했을 때 '나요?'라고 하면서 어디에 손을 갖다 대는가? 머리나 얼굴이 아닌 가슴에 댄다. 왜일까? 진정한 나는 가슴에 있기 때문이다. 얼굴과 머리는 진정한 내가 아니다. 내 가슴 가운데 사랑의 빛과 빛나는 태양을 의식하라. 사랑의 내가 있는 곳이다."

월요일과 화요일에는 기분이 별로 안 좋아 약간의 무기력과 짜증스러운 마음으로 시간을 보냈다. 수요일 저녁에 도저히 안 되겠다 싶어 체육관에서 3시간가량 킥복싱으로 땀을 흘렸더니 목요일에 제 컨디션으로 돌아왔다. 특별한 일이 없었는데 왜 부정적인 감정이 올라왔을까? 외부가 아닌 내면에 집중해야 되는데. 그 집중이 많이 부족했다. 부정적인 감정에 대해서 한번 이야기해보자.

내 마음의 신호등

감정이란 단어의 사전적인 의미는 어떤 현상이나 일에 대하여 일어나는 마음이나 느끼는 기분이다. 감정은 곧 마음과 기분이다. 감정은 엄청난 에너지다. 감정의 에너지는 그 파장이 엄청나다. 그래서 감정이 살면서 정말 중요하다. 안 좋은 감정은 곧 나의 마음과 기분을 파괴한다. 파괴된 마음으로 정상적인 삶을 유지하기가 힘들다.

부정적인 감정이 일어난다면 바로 질문하라. 부정적인 감정이 나의 몸과 마음을 완전히 감싸기 전에 정신 차리고 자기자신에게 질문하라.

"답답한 마음과 짜증나는 이 감정을 일으킨 현상은 과연 무엇일까?"

부정적인 감정이 나의 마음을 녹여서 흐물흐물하게 만들기 전에 냉철하고 딱딱하게 질문하라. 부정적인 감정의 원인이 어떤 상황 때문인지 누구 때문인지 파악하라. 존재한다면 다행이다. 부정적인 감정이 올라오는 나를 가만히 바라봐라. 관찰자의 존재가 진정한 나다. 관찰자가 되어라 부정적인 감정의 당사자가 되지 말고. 바라봐라. 계속 바라봐라. 부정적인 나를. 만약 어떤 원인의 존재나 상황이 없는데도 계속 부정적인 감정이 올라온다면 그건 병이다. 병원에 가봐야 된다.

사실 어떤 상황이나 현상, 환경은 나에게 부정적인 감정을 직접적으로 불러일으키지는 못한다. 상황이 나의 머릿속을 한

번 들어갔다 나오면서, 내가 부정적으로 그것을 확대 해석하는 것이다. 이 사실을 먼저 인지하자. 세차 기계에 들어갔다 나오면 깨끗해지고, 공사장을 지나고 나면 먼지가 쌓인다. 즉 부정적인 감정은 내가 만드는 것이다. 상황과 상대방은 부정적인 감정을 직접 만들지 못한다. 그냥 그 상황과 상대방은 존재할 뿐이다. 그 일은 그냥 일어난 것이다.

지금 주식장이 엄청 안 좋다. 여기서 환경은 하락하는 주식장이다. 그 하락장이 직접적으로 나에게 어떤 부정적인 감정을 절대 주진 않는다. 그걸 해석하는 나의 마음과 생각이 부정적인 감정을 만든다. 내 에고(ego) 안에서 내가 만드는 것이다. 부부 간에 예를 들면 같이 외출하는데 남편이 아내에게 "휴대폰 잘 챙겼어? 잘 챙겨."라고 단순하게 말한 것을 '아~ 이 사람은 내가 무언가를 자주 잃어버린다고 생각하는구나.', '나를 부주의한 사람으로 보는구나.'라고 부정적인 감정을 스스로 확대한다.

감정은 내 내적인 신호등이다. 신호등이 빨간색이면 멈추고 길을 안 건너듯이 감정은 내 마음의 신호등이다. 부정적인 감정이라고 다 안 좋은 것이 아니고, 긍정적인 감정이라고 다 좋은 것도 아니다. 너무 긍정적이고 기분이 좋아서 사리 분별 하지 못하고 엉뚱한 계약서에 사인을 하면서 사기 당하는 경우도 많다. 어떠한 감정이 올라오면 신호등에 불이 켜졌다고 생각하고 그 색깔을 잘 관찰해 보자. 빨간색(부정적인 감정)이면 잠깐 마음을 멈추는 습관이 필요하다.

길거리의 신호등은 잘 보면서 내 마음의 신호등은 무시한다. 길거리의 신호등은 안 지키면 사고가 나지만, 내 마음의 신호등은 안 지켜도 사고가 나지 않는다고 생각한다. 그러나 내 마음의 신호등을 계속 무시하면 인생에서 언젠가 복구가 힘든 대형 사고가 터진다. 부정적인 감정은 건강에 치명적이다. 그 감정이 우리가 항상 말하는 스트레스다.

부정적인 감정이 올라오면 일단 쉬어라. 몸과 마음을 쉬게 하라. 아무것도 하지 마라. '긍정적인 생각을 가져라.' '다르게 생각 해봐라'등 여러 가지 말을 하지만, 내가 해보니 일단 아무 생각하지 말고, 전화기 꺼놓고, 그냥 자는 게 최고다. 부정적인 감정이 지금 내 몸을 휘감고 있다면, 억지로 긍정적인 생각을 하지 마라. 그 생각이 부정적인 생각을 이길 수 없다. 부정적인 생각을 이길 수 있는 몸을 먼저 만들어야 된다.

스트레스도 알고 보면 정신이 육체를 누르는 것이다. 그래서 나는 일단 쉰다. 무조건 잔다. 그냥 잔다. 그리고 일어나서 미친 듯이 운동을 한다. 몸을 만든다. 체육관에서 샌드백이 터져라, 내 발등이 깨져라 로우킥을 찬다. 스트레스가 내 몸에 있으면 그 스트레스가 스트레스를 받아서 나가도록 내 몸을 먼저 만든다. 운동 후 휴식하면서 나를 조용히 관찰한다.

무엇이 이 감정의 원인일까? 이 감정은 100% 내 에고의 관점인가? 내 안의 진심의 관점인가? 질문을 하면서 조용히 나 자신을 관찰한다. 바로 이 관찰하는 녀석이 진정한 나다. 우울한 녀석은 내 안의 에고다. 내 안의 진정한 나(관찰하는 나)는 절대 우울하지 않다. 내 안의 진정한 나는 우울이라는 단어를 아예 모른다.

머리와 생각에 집중하지 말고, 가슴에 집중하자. 생각에 좌지우지되는 에고의 나 말고, 진정 사랑의 나는 어디 있을까? 바로 내 가슴 안에 있다. 누가 "당신 누구요?"라고 갑자기 질문하면 "나요?"라고 하면서 어디에 손을 갖다 대는가? 머리나 얼굴이 아닌 가슴에 댄다. 왜일까? 진정한 사랑의 나는 가슴에 있기 때문이다.

가슴이 답답한가? 가슴 정 가운데 있는 나를 의식하라. 내 가슴 중앙에 있는 사랑의 빛을 의식하라. 환한 태양의 빛을 의식하라. 그 빛이 진정 나다. 내 안의 신호등은 색깔이 세 개가 아니고 단 하나다. 사랑과 따스한 빛을 느끼게 하는 단 하나의 색 즉 노란색을 가진 신호등이다.

3

사람보다
믿음이 먼저다

머리가 아픈가? 기뻐하라
헤파이스토스가 오고 있다

> ### 아빠의 한마디

"지혜의 여신 아테네는 당신의 머릿속에 있다. 지금 머리가 아프다면 진심으로 기뻐하라. 그분이 나오시려는 징조다. 타이레놀 먹지 말고 기뻐하라."

하루하루 살다 보면 항상 맑은 정신으로 기분 좋게 산다는 것이 힘들다는 사실을 느낄 것이다. 인생이라는 시간에서 가장 중요한 단위가 하루이고, 그 하루가 모여서 인생이 되는 것이다. 하루의 시간을 내가 온전히 나를 위해서 사용하지 못한다면 인생 전체를 내가 주도하면서 살기 힘들다.

인생이라는 시간의 기본 단위는 오늘 하루다. 그 하루를 보내는 우리 인간의 기본 단위는 우리의 몸과 생각과 감정이다. 몸은 항상 최상의 상태를 유지하고, 생각은 긍정적으로 해야 된다. 가장 중요한 것은 감정이다. 기분 좋은 감정, 할 수 있다는 긍정적인 감정이 먼저 수반되어야 우리의 몸도 생각도 우리가 원하는 대로 움직일 수 있다는 사실을 명심했으면 좋겠다.

한 발짝 물러나기

살다 보면 너무 힘들고 머리 아픈 시간이 반드시 온다. 그때는 차분히 나의 지금의 상태를 관찰하고 점검하는 것이 우선이다. 가령 프린터에 문제가 생겨 출력이 제대로 되지 않는다면 제일 먼저 무엇을 하는가. 프린터 화면에 나온 메시지부터 확인을 하고, 그 메시지에 따라 무엇이 문제인지 프린터의 구성품을 차근차근 살펴본다. 그러지 않고 "왜 출력이 안 되는 거야!"라고 화를 내면서 프린터를 주먹으로 친다면 문제의 해결이 당연히 안 된다.

지금 너무도 머리가 아프다면 먼저 내 상태를 점검해야 된다. 우리 인간은 머리 아픈 문제의 메시지를 프린터처럼 바로 받을 수 없기 때문에 내가 스스로 파악을 해야 된다. 지금 나의 감정 상태는 어떠한가? 왜 이런 감정이 올라왔는가? 그러한 감정을 컨트롤 할 나의 지금 몸 상태는 어떠한가? 나는 지금 문제를 해결할 생각부터 하고 있는가? 이렇게 스스로가 머리 아픈 원인의 부위를 점검하는 것이 중요하다.

한 발짝만 물러나라. 지금 머리 아픈 나를 나로 보지 말고 머리 아픈 나를 쳐다보는 또 다른 나를 창조하라. 한 발짝만 물러나서 나를 쳐다봐라. 한 번에 되지 않는다. 자꾸 연습을 하면서 나는 손오공처럼 여럿이라고 생각하라. 문제의 상황 속에 있는 나는 진정한 내가 아니라고 생각하라. 관찰자로서 쳐다보고 있는 내가 진정한 나라고 생각해라. 이것이 익숙해지면 감정에 휘둘리는 나보다 감정에 휘둘리는 나를 쳐다보는 내가 진정한 나임을 느낄 수 있다.

이렇게 말한 대로 인생을 살면 참 좋겠지만, 살다 보면 우리가 컨트롤 즉 관찰하기도 전에 이미 감정이 올라와서 힘든 시간을 맞이하는 경우가 많다. 그때는 지금부터 하는 이야기를 상기하면 도움이 될 것이다.

옛날 신들의 왕인 제우스는 어느 날 너무 머리가 아파 죽을 거 같았다. 타이레놀을 먹어도 안 낫고, 좋다고 하는 건 다 먹어도 낫지를 않아 너무도 힘든 시간을 보내고 있었다. 그때 제우스의 집을 방문한 아들 헤파이스토스가 너무도 괴로워하는 아빠를 보고 연장을 꺼냈단다. 헤파이스토스는 연장의 신이기 때문이었지. 너무도 아파하는 제우스 아빠를 더 이상 지켜볼 수 없었던 헤파이스토스는 바로 제우스의 아픈 머리를 두 동강 내버렸다. 그때 두 동강난 제우스의 머리에서 나온 신이 바로 지혜의 여신 아테네다. 아테네.

지금 머리가 너무 아픈가? 그럼 곧 지혜의 여신이 나온다는 신호다. 지혜가 찾아왔다는 신호다. 머리가 아프다는 것은 내가 무언가의 해결을 위해 지혜를 찾고 있다는 증거다. 그러므로 머리가 아프다는 신호를 걱정이라는 신호로 바꾸지 마라. 지혜가 곧 나온다는 믿음으로 현재를 점검한다면 머리 아픈 일은 아주 금방 해결된다.

머리 아프지 않은 인생이 정말 행복한 인생일까? 머리 아프지 않은 인생이란 지혜의 여신이 나올 기회가 없는 인생이라는 뜻이다. 살면서 지혜의 여신을 자주 만나는 것이 더 멋진 인생이 아닐까? 지혜의 여신이 자주 나와서 나의 성장에 대한 지혜를 준다면, 머리 아픈 인생이 더 가치가 있지 않을까? 얼마나 다행인가? 헤라클레스 신이 나와서 정신 차리라고 한방 때리는 것보다, 아름다운 지혜의 여신이 나오신다니. 매일매일 몸의 상태와 생각의 질 그리고 지금의 감정을 체크하면서 살아가자. 그래도 머리가 아프면 기쁘게 아테네를 맞이하면 된다.

길거리에서 잃어버린 내 이어폰
100% 찾는 확실한 방법

아빠의 한마디

"이것만 있으면 강원도 경포대 모래사장에서 잃어버린 이어
폰, 살면서 잃어버린 내 마음 반드시 찾을 수 있다. 행동보다
이것이 우선이다. 그냥 아무 생각 없이 행동하지 말고 먼저
이것을 가지고 행동하라."

콜럼버스가 신대륙을 처음 발견할 때 어마 어마한 큰 범선을
타고 갔다. 그런데 그 신대륙에 도착하기 일보 직전까지 원주민
들이 그 콜럼버스의 큰 범선을 보지 못했다고 한다. 어떻게 그
렇게 큰 범선이 원주민 본인들이 사는 곳 바로 앞까지 왔는데
보지 못했을까? 왜 그들은 범선 때문에 출렁이는 바다의 파도
만 눈에 들어온 것일까?

원주민들의 머릿속에 범선에 대한 이미지가 처음부터 없었
기 때문이다. 결국 그들이 100% 믿고 신뢰하는 주술사의 말을
듣고 범선을 겨우 인식할 수 있었다고 한다. 우리 눈에 보이는
것은 우리가 믿는 것만 보인다. 다시 말해 보이기 때문에 믿는

것이 아니라, 믿기 때문에 보이는 것이다. 믿음이 없다면 절대 안 보인다. 콜롬버스의 범선처럼. 믿음이 먼저다.

믿음이 먼저다

나의 성공, 나의 긍정적이고 건강한 미래도 결국 믿음 후에 보인다. 믿음이 없으면 안 보인다. 여기서 보인다는 것은 실현(체)의 의미다. 즉 믿음이 없으면 아무것도 실현 즉 이루어지지 않는다. 내가 이미 성공했음을 믿고 보는 것. 즉 믿고 시각화하는 것이 우선이다.

누구는 사법시험에 합격을 하고, 누구는 홈런타자가 된다. 공부하는 사람, 운동하는 사람 들 열심히 안 하는 사람 단 한 명도 없다. 다 열심히 한다. 그런데 왜 '누구는?'이라는 말이 나올까? 그 누구는 한 가지를 더 했기 때문이다. 믿고 시각화를 더했다. 사법시험에 합격한 나를 믿었다. 그리고 합격에 두 손을 번쩍 든 나를 상상하고 시각화했다. 홈런 타자는 자면서 내일 홈런 치는 모습을 믿고 시각화했다. 그 차이다. 그 차이밖에 없다.

얼마 전 모임에서 북악산 둘레길을 갔다. 모임 카톡에 한성대입구역 5번 출구에서 모이자는 공지가 있었다. 그런데 나는 머릿속에 한성대입구역만 생각했다. 단체 톡을 수차례 보았지만 내 눈에는 5번출구라는 글씨가 보이지 않았다. 결국은 다른 분에게 전화를 했다. 나중에 보니까 단체 카톡에 정확히 한성대입구역 5번출구라고 적혀 있었다.

한번은 백마역에서 비싼 이어폰을 잃어버렸다. 그때 고맙게도 아이들이 그 늦은 밤에 찾으러 같이 갔다. 열심히 버스 정거장 길바닥을 찾았으나 찾을 수가 없었다. 그때 열심히 움직이지 않고 한쪽 구석에서 담배 한 대 피우고 나오던 아들아이가 이어폰이 블루투스와 연결이 된다는 사실을 깨닫고 블루투스를 켰다. 그리고 바로 신호가 잡혔다. 신호가 잡히면서 반드시 여기에 있다는 믿음이 생겼고, 1분이 채 되기도 전에 그렇게도 안 보이던 이어폰을 바닥에서 찾았다. 이어폰이 있다는 믿음을 가지고 찾으니 바로 보였다. 믿음이 생긴 후 우리의 눈에 이어폰이 들어왔다.

우리의 눈은 그냥 보는 역할만 할 뿐 보이는 실체에 대한 본질적인 해석은 바로 우리의 뇌가 한다. 우리 머릿속에 없는 것은 결국 보이지 않는다. 머릿속에 있는 것만 볼 수 있다. 즉 믿고 보는 거지. 보고 믿는 것이 절대 아니다.

실제 노트북이 있는 것을 보고 노트북이 있다고 하는 건 믿음이 아니다. 그냥 팩트다. 노트북이 없는 쪽을 보면서 나는 노트북이 생긴다고 생각하는 것이 바로 믿음이다. 결국 우리가 믿고 상상하고 신뢰하는 것만 내 눈앞에 현실(실체, 물질)이 된다.

믿음에는 여러 가지 종류가 있다. 신에 대한 믿음, 부모 자식 간의 믿음, 부부 간의 믿음 등. 그중에 가장 중요한 믿음은 자기 자신에 대한 믿음이다. 나에 대한 스스로의 믿음, 내가 잘할 수 있다는 믿음, 나는 성공할 수 있다는 믿음이 제일 중요하다.

나에 대한 스스로의 믿음이 없이 그저 노력만 해서는 이루어지지 않는다. 제발 노력만 하면서 안 된다고 말하지 마라. 노력만 하면 안 되는 게 당연하다. 성공에 가장 강력한 씨앗은 바로 이 '자기 자신에 대한 스스로의 믿음'이다. 이 씨앗의 크기가 성공이다. 이 씨앗만 잘 키우면 내가 원하는 것은 뭐든지 가질 수 있다.

올바른 나에 대한 믿음을 유지하기 위한 가장 좋은 방법은 매사에 우울해하지 말고, 자신감을 가지는 것이다. 그 자신감은 성취감의 경험에서 비롯된다. 아주 작고 잦은 성취감을 매일 느끼면서 자신감을 키우면 나에 대한 스스로의 믿음을 키울 수 있다.

하루하루를 살면서 작고 잦은 성취감을 느껴보자. 요즘 내가 하는 매일의 소소한 성취감 목록은 아침에 이불 개기, 27층 계단 한번 오르기, 감사한 일 1개 적기, 성공 문구 매일 외치기다. 단 꾸준히 해야 된다. 꾸준함이 포인트다. 매일 매일의 이 작은 성취감은 자신감으로 승화되고, 그 자신감이 결국 나에 대한 믿음으로 굳어지면서 현실이 되는 원리다.

내가 나를 믿지 못하는데 세상에 누가 나를 믿을까? 내가 나의 성공을 믿지 못하는데 누가 나의 성공을 믿을까? 내가 나를 사랑하지 않는데 누가 나를 사랑할까? 스스로를 믿고 달려보자. 믿음은 강원도 경포대 모래사장에서 잃어버린 이어폰도 찾을 수 있다.

스타벅스에 커피 사러 가는 마음으로 살면 무조건 성공한다

아빠의 한마디

"걱정, 근심, 두려움을 가지고 스타벅스에 커피 사러 가는 사람은 단 한 사람도 없다. 커피를 못 산다는 생각은 0.00001%도 하지 않는다. 이게 바로 믿음의 진정한 개념이다. 그런 믿음으로 인생을 살아라. 반드시 성공한다."

매번 이야기하지만 세월이 참 빠르다. 하루는 8시간처럼 가고, 1주일은 3일 정도로 느껴지게 세월이 흐른다. 하루라는 시간을 쪼개서, 정말 온전히 내 시간으로 만들어야 된다. 아무 생각 없으면 세월의 빠른 속도에 삶이 지치게 되고, 시간의 속두에 질질 끌려 다니는 인생을 살게 된다. 그러면 그 끝은 딱 두 글자 바로 '가난'에 귀결된다.

믿음 시뮬레이션

24년 동안 골프를 쳤지만 참 어려운 운동이다. 그만큼 재미도 상당하다. 골프와 인생은 공통점이 있다. 이 공통점을 이해하면 골프를 정말 잘 치고, 인생도 확실히 잘 살 수 있다. 골프와 인생에서 제일 중요한 포인트는 바로 믿음이다.

필드에 나가면 오만가지 생각이 아닌 십만 가지 생각이 다 든다. 인간이 하루에 생각하는 생각의 수가 오만가지라고 하는데, 정말 필드에 나가면 그 이상의 생각이 머릿속으로 쭉쭉 밀고 들어온다.

잘 맞을까? 오늘 드라이버는 똑바로 나갈까? 아이언은 잘 맞겠지? 그린이 빠르다는데 퍼터는 잘 들어갈까? 캐디는 괜찮을까? 진상이면 어쩌지? 싱글은 칠 수 있을까? 100타를 깰 수 있을까? 못 치면 어쩌지? 동반자한테 쪽팔림을 당하면 안 되는데⋯⋯. 바로 이 부분이 우리 인생과 똑같다.

이번에 시험은 잘 볼 수 있을까? 회사 그만둘까? 사업하다 망하면 어쩌지? 새로운 일에 도전 할 수 있을까? 나는 인터넷 잘 못하는데 이 사업 과연 잘 할 수 있을까? 이렇게 하면 상대방이 나를 어떻게 볼까? 시도하고 싶은데 어떻게 해야 될지 모르겠어⋯⋯. 우리도 골프 필드에서처럼 오만가지 생각을 다 하면서 매일매일 살고 있다.

골프를 잘 치기 위한 최고의 방법은 바로 믿음과 시뮬레이션이다. 내가 오늘 드라이버를 아주 똑바로 멀리 잘 칠 수 있다는 믿음. 그 확실한 믿음이 중요하다. 골프 치러 가기 전날이나, 가는 도중, 필드 가서 치기 바로 전에 그 믿음을 그대로 눈앞에 그려본다. 즉 시뮬레이션을 한다. 우주인이 우주 가기 전에 우주와 똑같은 환경을 만들어놓고 시뮬레이션하는 것처럼.

확실한 믿음과 시뮬레이션을 실천한다면 골프 실력이 지금보다 훨씬 더 좋아진다. 이 말은 진리다. 인생도 마찬가지 근심, 걱정, 두려움 보다 내가 해낼 수 있다는 믿음 그리고 이미 해내서 이룬 모습을 상상하는 것, 즉 긍정적인 시뮬레이션을 계속한다면 성공한 인생을 살 수밖에 없다. 바로 그 믿음이 골프도 잘치고, 인생도 내가 원하는 대로 살 수 있는 핵심 포인트다.

그렇다면 믿음은 과연 어떤 느낌일까? 지금 스타벅스에 아이스 아메리카노 두 잔을 사러 간다고 가정해보자. 혹시 커피를 못 살 거라는 의심을 하는가? 절대 아니지! 혹시 내가 '커피 사러 가는데 지진이 나서 우리 동네 커피숍만 폭삭 주저앉으면 어쩌지?'라고 걱정하면서 커피 사러 가는가? 절대 아니지!

커피를 못 산다는 생각은 아예 0.00001%도 안 한다. 바로 이게 진정한 믿음의 개념이다. 진짜 내가 믿고 있는지. 의심이 든다면 내가 스타벅스에 커피 사러 가는 마음과 지금 내 마음속 믿음이 똑같은지 한번 비교해보자.

어떠한 의심도, 두려움도, 걱정도 하지 않고 생각하는 것 그것이 진정한 믿음이다. 믿음의 정확한 개념을 이해해야 믿음을 유지할 수 있다. 믿음의 삶이 결국 성공의 삶과 연결되어 있다.

필요한 아이디어를
내 머릿속으로 로켓배송시키는 법

"매일매일 자기전에 유튜브 보지 말고 뇌를 속이는 주문을
해라. 필요한 모든 것이 다음날 아침에 로켓배송된다."

시간이란 무엇일까? 사전적인 의미를 먼저 보면 시각과 시각 사
이의 간격 또는 그 단위이다. 예를 들어 12시라는 시각부터 1시
라는 시각까지의 간격을 우리는 한 시간이라고 한다. 시간은 다
른 어휘로도 많이 표현이 된다. 아침이라는 단어는 날이 새면서
오전 12시까지를 의미하고, 봄여름가을겨울 그리고 학창시절,
군대시절, 초년, 중년, 말년 등의 단어도 전부 어떤 특정한 시기
의 시간을 의미한다.

시간의 체감
인생을 시간으로 표현하자면 태어나서 죽을 때까지라고 말할
수 있다. 이렇게 우리는 시간 속에 존재한다. 시간 속에서 산다.
시간은 유한하다고 생각하고 항상 아끼고, 시간이 주어짐에 감

사하면서 시간을 사랑하고, 주어진 시간에 정성을 다하는 사람에게는 행복한 시간, 감사의 시간, 성공 열매의 시간이라는 축복의 시간이 선물로 주어진다.

시간이 실제로 유한함에도 무한하다고 생각하고, 시간을 함부로 쓰고, 시간의 중요성과 감사함을 모르고 막 사용하는 사람에게는 우울의 시간, 궁핍의 시간, 가난의 시간이라는 잔인한 고통의 시간이 주어진다. 즉 시간은 그대로인데 그 시간을 바로 보고, 사용하는 인간들에 의해 시간은 천사로 때론 악마의 모습으로 변한다.

사람들이 우스갯소리로 시간의 속도는 나이대에 맞게 흘러간다고 한다. 즉 내 나이가 50대니까 시간이 시속 50km의 속도로 가고, 내 아이들은 20대니까 시속 20km의 속도로 시간이 간다는 말이다. 왜 이렇게 나이를 먹으면 시간이 빨리 간다고 느끼는 걸까?

우리 뇌는 들어오는 정보들을 서로 편집하고 정리하는 일을 한다. 어릴 때는 변화무쌍한 일이 많다. 항상 모든 게 새롭고, 모든 게 도전이다. 항상 새로움에 적응해야 된다. 이런 새로움 들을 뇌가 분류할 때 따로따로 기억장치에 저장을 한다. 매번 새로움의 연속이니까 따로따로 저장한 기억장치의 정보들을 끄집어내야 되기 때문에 시간이 느리게 느껴지는 것이다.

변화무쌍한 시절을 보내고 나이를 먹은 후 취업을 한다. 생활이 어느 정도 익숙해지면 출퇴근하는 그날이 그날인 일상을 우리의 뇌는 그냥 하루로 인식한다. 월, 화, 수, 목, 금 출근하는 5일을 하루로 인식하고, 출근하지 않는 토, 일을 하루로 인식한다. 즉 1주일을 2일로 인식한다. 1년이면 52주. 직장인의 뇌는 1년 365일을 104일로 느낀다. 그래서 실제 1년이라는 세월을 3개월도 안되게 지나가는 것처럼 느끼게 되는 것이다. 그만큼 변화가 없고 일정한 삶의 패턴은 시간의 지나감을 엄청 빠르게 느끼게 한다. 시간이 너무 빨리 간다고 느낀다면 '내가 지금 변화의 삶을 살고 있지 않고 있구나.'라고 생각하면 맞다.

나만의 작은 루틴

약간의 변화와 우리 뇌의 저장 장치에 여러 개의 루틴을 저장한다면 시간의 훅 가는 느낌을 줄일 수 있다. 작지만 올바른 습관들, 약간의 성취감을 느낄 수 있는 일들을 하나씩 만들어서 실천에 옮기는 것이다. 책을 읽는 습관, 정리하는 습관, 청소하는 습관, 운동하는 습관, 일기 쓰는 습관, 명상하는 습관, 기도하는 습관 등의 목록을 작성해서 하나씩 실천해 나간다. 그럼 시간이 앞에서 있지 않고 내 뒤에 있음을 느낀다.

한 번에 다 하라는 말이 아니다. 조금씩 그러나 매일 할 수 있는 나만의 아주 작은 루틴을 만들어 간다면, 시간을 온전히 내 것으로 느끼면서 살 수 있다. 아침에 산책할 때도 매일 똑같은 코스가 아닌 조금씩 다른 코스로의 변화도 그날이 그날인 산책으로 뇌가 인식하지 않도록 하는 것이다. 매일 가던 길을 다른 길로 바꾸는 것도 좋은 방법이다.

우리는 주어진 시간이 무한한 것처럼 행동하고 생활하지만 시간은 지극히 유한하다. 우리는 언젠가 다 죽는다. 유한한 나의 시간을 분단위로 쪼개지 않으면 안된다. 눈떴는데 아침 11시면 안 된다. 이렇게 짧은 인생을 살면서 남들 욕하고, 시기하고 질투, 비교하면 안 된다. 그럴 시간 있으면 팔굽혀펴기를 해라. 그럼 몸이라도 좋아진다.

자기 전에 반드시 '오늘 나는 나의 시간을 정말 온전히 잘 사용하였나?'라고 질문하고 생각을 한번 하면서 자는 것이 매우 중요하다. 잠을 자는 시간은 무의식의 시간이고 하루의 일들을 정리하는 아주아주 중요한 시간이다. 그래서 자기 전에 내가 무엇을 하면서 잠드는지가 매우 중요하다.

혹시 핸드폰을 손에 들고 유튜브 보다가 잠들지는 않은가? 절대 그러면 안 된다. 자는 사이에 뇌가 정리하고 청소를 해야 되는데, 자기 전에 들어온 쓸데없는 유튜브의 정보 때문에 제대로 정리를 할 수가 없다. 밤새 뇌가 정리하는데 아주 헷갈려 한다. 뇌가 피곤해진다. 자고 일어나도 개운치가 않다. 자기 전에 유튜브 봐서 그렇다.

자기 전에 하루를 명상으로 정리하고 하루를 아무 이상 없이 살게 해주심에 감사의 기도를 하고 자야 된다. 그래야 자면서 뇌가 기쁜 마음으로 정리정돈을 잘 할 수 있다. 우리가 자는 무의식의 시간도 이렇게 잘 사용해야 된다.

우리는 사실 의식의 세계가 아닌 무의식의 세계에 살고 있다. 자기 전에 뇌에게 이렇게 말하면서 뇌를 속여보자. "오늘 하루 너무 감사했습니다, 나의 잠재의식(뇌)에게 부탁드립니다. 자는 시간에도 제가 앞으로 하고 싶은 그 일에 반짝이는 아이디어 좀 주세요. 고맙습니다."라고 말이다. 그러면 어느새 필요한 내 삶에 도움이 되는 필요한 아이디어는 아침에 내 머릿속에 로켓배송으로 와 있다.

한눈 팔기는 양처럼 방목하고
집중력은 개처럼 키워라

"군대 제대하면서 제대로 인생을 살아보겠다고 하지만 제대 후 1주일이 지나면 제대로 하겠다는 생각조차도 머릿속에서 제대시켜버린다."

살면서 단 한 번이라도 무언가를 제대로 한 적이 있는가? 정말 살면서 원 없이 제대로 무언가를 목숨 걸고 한 적이 있는가? 우리는 역사상 가장 진보한 시대, 즉 스마트폰 시대에 살고 있다. 그런데 왜 생산성은 과거보다 엄청나게 탁월하지 않은가? 왜 점점 더 힘들어 하는 사람은 많아지는 걸까?

옛날에는 정보의 공유가 힘들었다. 정보를 찾는 그 자체가 일이었다. 그 일을 잘하는 사람이 인정받는 사회였다. 그러나 지금은 정보의 홍수다. 홍수도 대 홍수다. 끊임없이 쏟아지는 뉴스, 알림, 광고, 동영상, 이메일, 문자, 카톡 등등 이런 것들이 오히려 삶을 더 복잡하게 꼬아놓았다.

진정 나를 위한 시간

우리 냉정하게 한번 생각해보자. 하루에 쓸데없는 스마트폰을 보는데 몇 시간을 허비할까? 족히 3시간은 넘는 거 같다. 만약 그 3시간 중에 50%인 90분을 독서하면 어떤 결과가 나올까? 하루에 1시간 반이면 50페이지의 독서를 할 수 있고, 1주일에 1권, 한 달에 4권, 1년에 50권의 책을 읽을 수 있다. 어떤 한 분야의 책 50권을 읽는다면 그 분야에 대한민국 최고의 전문가가 될 수 있다. 10년이면 10개 분야에 전문가가 될 수 있다.

지금 사용하는 휴대폰 시간 반만 줄여 독서하면 되니 해볼 만하지 않은가? 따로 시간을 내서 일찍 일어나란 말도 아니다. 늦게까지 도서관에서 공부하란 소리도 아니다. 그냥 휴대폰 보는 시간 반만 줄이면 된다는 소리다. 휴대폰 아예 반납하고 절에 들어가란 소리도 아니다. 참 쉽지 않은가? 해볼 만한 가치가 있지 않은가?

하루 24시간을 한번 보자. 잠자는 시간 8시간 빼면 16시간 남는다. 밥 먹는 시간 3시간 빼면 13시간 남는다. 일하는 시간 8시간 빼면 5시간 남는다. 남는 5시간 중에 4시간을 휴대폰 본다. 참 허무하다. 그럼 나를 위한 시간은 하루에 1시간 남는다. 그 1시간도 나를 위해 온전히 사용할 때 이야기다. 나에게 주어진 하루의 시간은 24시간인데, 왜 우리는 5%의 시간도 진정 나를 위해서 사용하지 못하는가? 아니 스스로 나를 위해 배정하지 못하는가?

이것을 인생 전체 100년을 놓고 보면 진심 나를 위한 순수한 시간 활용은 5년도 안 된다는 말이다. 100세까지 살면서 온전히 나를 위한 시간이 5년이 안 된다? 정말 슬프지 않은가? 그럼 95년 동안은 뭐 하면서 사는 건가? 잠자고, 남을 위해 살고, 남이 만들어놓은 영상 보며 남들이 열심히 떠드는 말들 하루종일 들으며, 보면서 산다. 너무 아깝지 아니한가?

우리 지구의 시간은 인간이 편리를 위해 만들어낸 개념일 뿐이다. 지구의 100년을 우주의 시간으로 한번 환산해보자. 지구가 자전하면서 즉 360도 스스로 돌면서 하루가 지난다. 태양 주위를 한 바퀴 즉 공전하면서 1년이라는 시간이 간다. 이걸 우주의 입장에서 보면 자전하는 지구의 360도와 지구의 공전주기 360도를 곱하면 129,600이라는 숫자가 나오는데 이것이 바로 우주의 1년이다. 즉 129,600년의 지구의 시간이 지나야 우주의 시간으로는 1년이 지나는 것이다.

우리가 보통 인간을 소우주, 우주 그 자체로 표현한다. 산다는 것은 결국 호흡과 맥박이 뛰어야 된다. 인간의 호흡은 1분에 18회, 맥박은 72회가 뛰는데 이 호흡수와 맥박수를 하루로 계산하면 129,600이라는 숫자가 정확히 나온다. 그래서 우리 인간 자체가 우주다.

우주는 129,600년을 한 주기로 돌아가고, 지구는 129,600도로 돌아가고, 인간은 129,600회로 호흡과 맥박이 뛰는 것이다. 이걸 역산해보면 지구에서 100년 사는 우리의 삶은 우주의 시간으로 3시간 30분 정도(210분) 살다 가는 것이다. 영화 〈인터스텔라〉를 보면 우주에서 잠깐 있었는데 돌아가 보니 동료가 늙어 있고 딸이 아빠보다 더 나이 든 경우를 볼 수 있다. 내 인생도 우주의 나이로 1시간 40분(100분) 정도 남았다.

어떤가? 시간이 무한하다고 느껴지는가? 이런 짧은 시간을 살면서 스마트폰 한눈팔기는 정말 위험하다. 자주적으로 생각을 못 하게 만든다. 자주적인 생각을 못하면 내가 세상을 창조할 수 없다. 즉 아무것도 가질 수 없다. 세상의 모든 물질은 창조된 것이다. 인간들이 창조한 것이다. 자주적인 생각으로.

스마트폰 한눈팔기는 양처럼 방목하면서 키워라. 집중하지 마라. 스마트폰 보는 시간의 반인 하루 90분의 독서는 개처럼 키워라. 한번 물면 놓지 않는 진돗개처럼 집중력 있게 키워라. 스마트폰 한눈팔기를 개처럼 키우면 아주 끔찍한 미래가 기다린다.

그럼 어떻게 하면 집중력을 잘 먹이고 잘 키울 수 있을까? 일단 어떤 일이든 어떤 상황이든 집중할 수 있는 내 마음의 상태를 잘 유지하는 것이 중요하다. 그 마음이 항상 평온하고, 평정심을 유지하고, 밝은 태양의 빛으로 가득 차 있다면 어떠한 상황에서도 집중력을 잘 발휘할 수 있다.

그 집중력의 먹이 즉 집중력이 제일 좋아하는 음식은 바로 '자기암시'다. 긍정적인 자기암시. 긍정적인 자기 암시로 나의 토양 즉 의식과 무의식을 항상 비옥한 상태로 유지하는 것이다.

그러면 집중해야 되는 일이나 상황 발생시 아주 편안하게 집중할 수 있다. 매일매일 하는 자기 암시로 집중력의 힘이 점점 커졌기 때문이다.

오늘부터 매일매일 이런 자기 암시를 해보자. "나는 모든 것에 참 감사해. 나는 매일매일 모든 면에서 좋아지고 나아지고 있다. 모든 것이 감사합니다."

4

사람이 습관을
만들기는 어렵지만,
습관이 사람을
만들기는 쉽다

김유신의 말과
택시기사의 차이

"그날은 무의식이 의식을 지배하는 순간이었다. 김유신의 말
이 술집으로 인도한 것처럼, 내 말도 JJ로 인도했다. 그 말은
바로 택시다. 김유신의 말과 택시 기사의 차이는 무엇이란 말
인가?"

전체집합 U의 한 부분집합 A가 주어진 경우, 전체집합 U에는
속하지만 집합 A에는 속하지 않는 원소의 집합을 집합 A의(전
체집합 U에 관한) 여집합이라 하고 Ai 또는 Ac로 나타낸다. 여집
합의 개념을 우리 인생사에 적용해보자. 우리의 인생 전체를 U
라고 하고, 그 인생을 구성하는 의식의 세계를 A라고 하면, A의
여집합은 무의식(잠재의식)의 세계라고 할 수 있다.

　A의 여집합이 A보다 크듯이, 무의식의 세계는 의식의 세계
보다 훨씬 더 넓고 깊고 크다. 우리가 하루하루 깨어 있으면서
의식의 세계에서 생각하고 행동하고 다른 사람들과 관계하면서
살아가기 때문에 의식의 세계가 우리를 지배하는 것 같지만, 사

실 의식은 무의식의 지배를 100% 받고 있다. 마치 A(의식)의 여집합(무의식)이 A를 감싸고 있는 그림처럼 말이다.

무의식의 세계

나는 1993년에 R.O.T.C 장교로 전역을 하고, 그 당시 우리나라에서 제일 잘나가는 회사에 입사했다. 월급도 업계 최고였고, 많은 사람들에게 선망의 대상인 회사였다. 영업직으로 발령을 받고 열심히 일했다. 여름휴가를 5년 동안 한 번도 안 가고 일했다. 그 열정을 인정받아서 승진도 가장 빨리 했으며, 회사에서 주는 상이란 상은 모두 다 받았다. 포상으로 그 당시 호주를 두 번 다녀왔다.

입사 3년째 어느 날. 아침에 출근하고 보니 내 자리가 옆의 팀으로 옮겨져 있었다. 그 당시 2팀이었는데 3팀으로 자리가 바뀐 것이다. 나는 속으로 '열심히 일하니까 서로 나를 데려 가는구나.'라고 생각하면서 내심 기뻐했다. 그리고 일주일이 지난 어느 날.

부장님이 저녁에 술 한잔하자고 했다. 입사 3년 차인 나에게 부장의 존재는 신적인 존재였다. 그 당시는 과장도 대단했다. 과장은 말 그대로 한 과의 장이었다. 지금은 만만한 게 과장이지만. 인정받는다는 생각에 기분 좋게 부장님과 단둘이 맥주 한잔하고 이야기가 깊어질 무렵 부장님이 그만 일어나자고 하면서 택시를 잡았다. 그리고 택시기사에게 남산 밑 하얏트 호텔로

가자고 했다.

'나이 28살에 호텔에 가서 술 한잔 먹는구나.'라고 기뻐하며 따라 간 곳은 하얏트 호텔 지하 JJ마호니라는 클럽이었다. 내가 본 그날의 JJ는 별천지였다. 많은 사람과 럭셔리한 호텔 그리고 비싼 메뉴판은 나를 너무도 놀라게 하기에 충분하고도 남았다. 열심히 일하니까 이렇게 좋은 곳에서 비싼 술도 먹는 다는 생각에 아주 행복했다. 앉은 지 30분 후 화장실을 다녀오신 부장님이 나에게 한 말을 듣고 나는 쓰러지는 줄 알았다.

"박대리 저기 포켓볼 다이 옆 빨간 원피스 차림의 두 여자, 그리고 스테이지 옆에 긴 생머리를 한 여자. 화장실 가는 길에 서서 하이네켄 먹는 짧은 스커트 입은 여자."

군대 독도법 강의 시간인 줄 알았다. 부장님이 원하는 것은 '부킹'이었다. 나의 일에 대한 열정도 아닌, 나의 회사에 대한 충성도 아닌, 나의 영업 실적을 위한 노력도 아닌 나에게 원하는 것은 딱 하나 '부킹'이었다.

나의 JJ에서의 생활, 부장님을 위한 부킹 생활은 그렇게 시작되었다. 그 이후로 2년 동안 계속. 지금 생각해보면 그 시절을 어떻게 보냈는지 참으로 대견하다. 목에 건 회사의 사원줄이 노예줄이란 것을 난 그때 알았다. 사원, 대리는 하급 노예, 과장 이상은 중급 노예, 부장 임원 이상은 상급 노예임을.

그리고 세월이 지나 사업을 시작하여 나는 사장이 되었다. 신입사원 같은 열정으로 열심히 사업을 했다. 앞만 보면서 사업을 하던 30대 중반. 직원들과 회식을 하던 어느 날이었다. 그날 따라 직원들이 주는 술잔을 다 받아먹으며 대취 했다. 잠깐 기억이 흐려지면서 정신을 차려보니 아니 이게 웬일인가? 하얏트 호텔 JJ에서 혼자 춤을 추고 있는 게 아닌가. 한 손에는 하이네켄 맥주병을 들고. 아······. 그렇게도 싫어했던 그 자리에 나 홀로 서 있었다. 춤을 추면서 말이다. 아니 정확히 말하면 흐느적거리면서 말이다.

무의식이 의식을 지배하는 순간이었다. 김유신의 말이 유곽으로 인도한 것처럼 내 말도 JJ로 인도했다. 나의 말은 바로 택시였다. 그런 일이 3년 동안 이어졌다. 무의식의 세계에 박힌 뚜렷한 의식은 그렇게 무서운 것이다. 무의식의 세계는 긍정과 부정, 나쁨과 좋음을 알지 못한다는 사실을 그때 알았다. 무의식의 세계는 내가 밀어 넣는 생각과 말과 행동을 그대로 저장한다는 사실을 그때 알았다.

담배를 끊으려고 시도하는 사람 중에 쉽게 범하는 오류가 '나는 담배 끊은 지 2주째야.' '담배를 안 피우니까 조금은 심심하지만······.'이런 식으로 말하고 생각하는 것이다. 무의식의 세계는 긍정과 부정을 구분 못하므로, 담배라는 단어가 무의식의 세계에 들어오면서 존재하게 되는 것이다. 무의식의 세계가 의식의 세계를 지배하는 순간 담배를 입에 물게 되는 것이다. 담배를 끊는 가장 좋은 방법은 무의식의 세계에 담배라는 단어를 밀어 넣지 않는 것이다.

우리를 지배하는 무의식의 세계. 그 세계에 집어넣을 단어를 신중하게 매 순간 생각하자. 무의식은 우리가 생각하는 모든 것을 기억하고 우리를 지배한다. 어떤 생각이 올라오면 바로 생각하라. 지금 이 생각이 무의식으로 들어가면 괜찮은지. 지금 이 생각이 무의식속에서 나를 지배해도 되는지를. 무의식의 세계를 의식하자.

항상 처음처럼
참이슬을 경영하라

"대한민국에서 '주량'의 진정한 의미를 아는 사람은 없다. 강
호동을 이기는 장사는 있으나, 참이슬을 이기는 장사는 죽음
뿐이다."

골프를 잘 치기 위한 여러 방법 중에 제일 중요한 게 바로 코스
매니지먼트다. 전체 18홀 안에 한 홀, 한 홀 매니지먼트한 점수
의 합으로 프로와 아마추어를 나눈다. 골프의 한 홀 한 홀 매
니지먼트를 하는 것처럼, 인생도 어렸을 때, 학창시절, 남자라면
군대시설, 결혼 전, 후 등등 그때그때 그 시절의 매니지먼트가
중요하다. 예를 들어 학창시절이나 20대에 제일 중요한 매니지
먼트 포인트는 무엇일까? 공부? 공부는 기본이겠지만 '내가 잘
하고 좋아하는 분야는 무엇일까?'에 대한 심오한 자기성찰이라
고 생각한다.

주량과 주도

인생의 시기에 관계없이 성인이 된 후 죽을 때까지 아주 중요한 매니지먼트가 바로 술 매니지먼트다. 주량의 사전적인 의미는 마시고 견딜 정도의 술의 분량이다. 말 그대로 사전적인 의미다. 나는 주량을 그다음 날 아침에 눈을 떠서 제일 먼저 하는 의미 있는 일을 어렵지 않게 처리할 수 있을 정도로 마시는 전날 술의 양이라고 정의하고 싶다.

예를 들어 내가 매일 새벽 5시에 기상하여 기본적인 세면을 하고, 가장 먼저 하는 의미 있는 일이 명상과 기도 그리고 지하 2층부터 27층 우리 집까지 계단으로 오르는 것이다. 아침에 의미 있는 행위 란 출근을 준비하는 행위, 운동을 하는 행위, 외국어를 공부하는 행위 등일 수도 있다. 그런데 그 전날 마신 술 때문에 이 하루에 제일 먼저 시작하는 의미 있는 일을 못하거나 하더라도 너무 힘들어한다면 그 전날 마신 술이 소주 한 잔이라도 그건 자신의 주량을 오버한 거다.

'난 주량이 소주 2병이에요.'하고는 그다음 날 하루 종일 잔다면 그건 정확한 자기의 주량을 모르고 오버하는 것이다. 자기 주량에 대한 정의를 정확히 알고 술을 매니지먼트하자. 우리가 학창 시절에 많은 것을 배우는 거 같지만 살면서 진짜 중요한 돈과 술에 대한 개념은 아무도 가르쳐주는 사람이 없다. 참 안타까운 대한민국 교육의 현실이다.

주량을 오버하면 주사가 심하다는 말을 듣는다. 주량을 오버하는 습관이 무서운 건 고치기가 너무도 어렵다는 것이다. 즉 한번 블랙아웃 되면 계속 반복이 된다. 자기도 모르게. 그래서 성인이 되기 전에 친구들과 같이 아무 생각 없이 먹으면서 밴 술버릇은 매우 위험하다. 그 버릇이 평생 나의 인생을 지배한다고 생각하면 정말 무섭다. 연예인이건 일반인이건 사건 사고의 100% 원인은 술이다.

술은 성인이 된 후 어른들과 함께 술자리를 하면서 주도를 배우는 것이 아주 중요하다. 처음 잘못 배운 술 버릇. 주도가 나의 인생을 망칠 수도 있기 때문이다.

내가 대학교 입학하고 선배들과의 첫 술자리였다. 1987년도만 해도 선배들이 쓰던 전공서적을 물려주는 전통이 있었다. 지금은 어떤지 모르겠지만, 그런데 술자리에서 장기자랑 비슷하게 노래를 해야 시상하듯이 한 권씩 선배들이 주는 거였다. 선배들의 책을 많이 받아야겠다는 생각에 못하는 노래지만 계속 노래하고, 쟁반도 두드리고, 춤도 추었다.

거의 다 먹은 김치찌개 냄비 들고 신데렐라 노래도 불렀다. 그래서 대학 동기들 사이에서 내 별명이 신데렐라다. 어쨌든 선배들의 전공서적을 독식하다시피 했다. 그런데 과음 속에 아침에 눈을 떠보니 내 옆에 선배들이 준 전공서적은 한 권도 없었다. 블랙아웃이 되어 다 잃어버렸다.

추위의 본질은 기온이 아니라 바람이며, 더위의 본질도 온도가 아니라 습도다. 블랙아웃의 본질은 절대 술의 양이 아니라 술 먹는 속도다. 술은 무조건 2~3회 꺾어 마시고, 항상 물과 같이 먹어라. 물론 정말 불가피하고 첫 잔 정도 다 같이 원 샷을 해야 되는 상황이라면 어쩔 수 없지만, 두 번째 잔부터는 반드시 나누어 마셔라. 내일 아침에 제일 먼저 해야 될 의미 있는 일을 생각하면서, 물을 같이 마시는 습관이 술 경력 35년의 노하우다.

술은 적당하면 약이고, 과하면 자신의 영혼을 파괴하면서 스스로를 괴롭히는 독이다. 그러나 적당한 조절은 말처럼 쉽지는 않다. 술을 조절할 줄 알고, 담배를 끊을 수 있다면 성공 마인드로는 최고다. 성공 마인드의 최고 조건이 건강이기 때문이다.

처음에 내가 술을 먹고, 그다음엔 술이 술을 먹고, 나중엔 술이 나를 먹는 술 매니지먼트는 이제 과감히 버리고, 술을 내가 통제하고, 관리할 수 있는 술 매니지먼트를 하자. 술을 한잔 더 하고 싶을 때 '한잔 더 했을 때 내일 아침에 해야 되는 가장 의미 있는 일을 아무 이상 없이 할 수 있을까?'라고 생각하자.

기본적인 술 매니지먼트를 정리하며 마무리하셨다.

1. 원샷은 금물이다.
2. 2~3번에 나누어 마신다.
3. 항상 물과 함께 마신다.
4. 메인 안주가 나오기 전에 절대 술을 먹지 마라.
5. 먹는 중간 중간에 내일 해야 되는 의미 있는 일들을 생각하라.

6. 섞어 마시지 마라.

7. 중요한 약속은 술자리에서 하지 마라. 안 지켜질 확률이
   거의 100%다.

8. 자주 화장실을 가라. 수첩을 들고 화장실 가서 중요한
   대화는 메모를 해라.

두려움은 실체가 없다!
모두 자기자신이 만든 것

╭─ **아빠의 한마디** ─╮

"악마가 가장 많이 사용하고 즐겨 사용하는 두려움은 바로
가난과 죽음에 대한 두려움이다."

오늘은 나폴레온 힐의 《결국 당신은 이길 것이다》라는 책에서
인사이트를 가지고 와서 이야기해보자. 악마는 나폴레온 힐에
게 자신을 폐하 즉 왕이라고 부르라고 한다. 그 이유는 이 세상
인구의 98%를 본인이 지배하고 있다는 명분을 이야기하면서.
그리고 어디서 살고 어떻게 생겼냐는 질문에 악마는 인간의 마
음속에 살고, 악마 자신은 부정적인 에너지 덩어리라고 말한다.

여기까지 내용을 보면 결국 이 세상의 98%가 악마의 지배
즉 부정적인 에너지를 갖고 있다고 볼 수 있다. 부정적인 어떤
감정이 올라오거나 생각이 든다면, 내가 지금 악마의 지배를 받
고 있다고 생각하면 된다. 그리고 인간의 마음에 악마의 씨앗을
심어놓는데 그 씨앗은 바로 두려움이라는 씨앗이라고 말한다.
그 두려움이라는 씨앗이 싹을 틔우고 자라면 마음의 공간을 지

배한다고 설명한다.

그 두려움은 가난에 대한 두려움, 질병에 대한 두려움, 남의 비판에 대한 두려움, 늙어 가는 것에 대한 두려움 등이다. 그중에서 악마가 가장 많이 사용하고 즐겨 사용하는 두려움은 바로 가난과 죽음에 대한 두려움이다. 이 두 가지 두려움을 아주 교묘하게 인간의 마음에 심어놓는다고 한다. 그래서 악마는 인간이 부를 축적하는 데 자신감을 잃게 만든다고 한다. 왜냐하면 가난은 인간들이 생각을 못 하게하고, 부정적인 생각을 하게 만들어, 쉽게 악마의 먹잇감으로 만든다.

역시 두려움의 마음은 악마의 씨앗임을 다시 한번 확신했다. 인간의 감정은 크게 두 가지다. 두려움과 사랑. 모든 감정은 이 둘 중에 하나다. 지금의 감정이 사랑의 감정이 아닌 거 같은가? 그럼 두려움의 감정이다. 두려움에 기인한 감정이다.

신이 본인의 형상대로 인간을 창조했다. 우리는 곧 신이다. 사랑의 신이다. 사랑의 신인 우리가 악마가 심어놓은 두려움의 씨앗을 두려워하면 안 되겠지. 사실 나는 악마의 존재는 없다고 생각한다. 악마를 만드는 재료는 우리의 생각이라고 생각한다. 잘 생각해보자. 두려움이 악마의 씨앗인데 그 두려움은 누가 창조하는가? 바로 나다. 내가 두려움을 창조했고 동시에 악마도 창조했다. 잘 생각해보자. 악마는 사실 없다.

나폴레온 힐이 '마치 지옥으로 가는 길 위에 있는 것처럼 위태위태한 요즘 젊은이들은 어떻습니까? 당신은 그들을 지배합니까?'라는 질문을 한다. 나는 젊은이들에게 술과 담배를 가르쳐서 그들의 마음을 타락시킨다고 대답한다. 술은 인간이 자주적으로 생각할 수 있는 힘을 파괴시키고, 담배는 인내심을 무너뜨린다고 대답한다. 더불어 참을성과 집중력을 파괴한다고 말한다.

나폴레온 힐은 악마가 사용하는 최고의 필살기 즉 가장 뛰어난 술책이 무엇이냐고 묻는다. 인간을 방황하게 만드는 것이 최고의 술책이라고 대답한다. 즉 인간을 게으르게 하고 인생과 삶에 대해 무관심 즉 아무 생각없이 만들면 머뭇거리는 습관이 생기는데, 이것이 곧 방황이라고 한다. 어떤 일에 머뭇거리는 사람은 악마의 손아귀에 100% 들어간 것이다.

반대로 악마를 멈출 수 있게 하는 힘은 명확하게 사고하는 힘뿐이다. 어떤 문제에도 방황하지 않고 명확하게 생각하며, 본인 마음의 힘을 믿고, 스스로 행동하는 사람만이 악마의 술책에 안 넘어간다.

악마가 지배하지 못하는 전 세계 2%의 사람늘은 자주적으로 생각하는 사람, 본인이 생각하고 있다고 생각하는 사람, 머뭇거리지 않는 사람이다. 살면서 두려워하지 말자. 악마의 씨앗을 키우지 말자. 두려움은 실체가 없는 것을 직시하자. 두려운 환경과 상황은 존재하지 않는다. 다 내가 만들어놓은 허상이고 생각일 뿐이다.

내가 만든 두려움의 씨앗을 처음부터 뿌리지 말자. 두려움의 감정은 행동을 하면 바로 없어진다. 일단 생각했으면 알아 보고 바로 행동하라. 두려움은 행동하지 않는 사람들이 가지는 아주 나약한 정신 상태다. 저 하늘의 새들도 날아다니면서 잘 살고 있다. 다 살게 되어 있다. 세상은 그렇게 만들어졌다. 만물 의 영장인 내가 두려움이라는 스스로 만든 그물에 스스로 몸 을 던지는 게 말이 되는가?

실패 이유 1001가지,
성공 방법은 딱 1가지

"진동은 모든 만물에 무조건 존재한다. 24시간 내내 발산되
는 그 진동 위에 어떤 생각, 말, 행동을 올릴 것인가. 잘 올리
자. 우리는 진동을 가지고 있는 에너지 덩어리다."

우리는 관계 속에서 산다. 관계라고 하면 사람과의 관계만 생각
하기 쉽지만 우리는 생물이든 무생물이든 모든 것과 관계한다.
이 지구상에 존재하는 모든 것은 전부 에너지 덩어리이기 때문
이다. 사람도 사실은 에너지 덩어리고, 지금 사용하는 노트북도
에너지 덩어리다. 에너지 덩어리 측면에서 보면 노트북과 사람
은 똑같다.

　모든 에너지는 진동을 가지고 있으며 그 진동은 서로 영향
을 미친다. 그리고 그 진동은 무한대로 나아간다. 장애물도 다
뚫고 지나간다. 우주 끝까지 날아간다. 그 진동은 항상 발생하
고 발산한다. 지금 이 순간에도 쉬지 않는다. 발산하는 진동 위
에 무엇을 올릴 것인가가 중요하다. 올리는 그대로 발산된다. 24

시간 1초도 안 쉬고 계속 발산한다. 그래서 진동이 중요하고 무서운 것이다. 부정적인 감정을 진동 위에 올리지 마라. 그 진동은 사방팔방 24시간 발산되고 또 발산된다.

진동의 발산

서로 가지고 있는 진동 간의 영향이 바로 관계다. 진동의 관계는 생물과 무생물을 따지지 않는다. 에너지 덩어리에서 나오는 진동은 다 똑같기 때문이다. 유유상종이란 말도 비슷한 진동을 발산하는 사람들이 모인다는 개념이다. 무생물과의 진동도 아주 중요하다. 모든 에너지 덩어리에서 나오는 진동과 나의 진동이 잘 맞는 것이 중요하다.

자동차도 집도 우리가 사용하는 노트북도 전부 에너지 덩어리이고 진동이 나온다. 그 진동은 계속 발산된다. 새 차를 사자마자 문제가 생긴 적이 있는가? 새 휴대폰이 구입하자마자 바로 고장이 난 적이 있는 가? 나와의 진동 충돌이 생긴 것이다. 서로의 부정적인 진동이 충돌한 것이다.

이 세상의 모든 것은 다 살아 있다. 에너지와 진동의 측면에서 보면 다 살아 있다. 무생물과의 관계가 그래서 중요하다. 똥차 똥차라고 말하면 차에서 똥차의 진동이 나온다. 곧 나의 차는 진짜 똥차가 된다. 내가 사는 집의 공간에서도 진동이 나온다. 내가 사는 집이 허접하다고 생각하면 허접한 진동이 나온다. 허접한 집이 된다. 모든 진동은 같은 진동의 덩어리를 형성

한다. 진동의 유유상종이다.

좋은 진동이 나오게 하는 방법은 무엇일까? 좋은 진동은 좋은 생각과 말과 행동(체험)에서 나온다. 그중 가장 강력한 진동은 행동(체험)에서 나온다. 긍정적인 행동(체험)을 하는 것이 긍정적인 진동을 만드는 최고의 길이다. 나는 친절하다. 나는 명랑하다는 말은 하나의 관념이고 생각이다. 관념과 생각도 진동은 있으나 미비하다. 친절한 행위, 명랑한 행위 즉 체험을 해야 나는 친절하다. 명랑하다의 강력한 진동이 나온다.

항상 기쁘다고 생각하면서 거울을 보고 입꼬리를 올리는 행동을 해야 된다. 그리고 실제 타인에게 친절하게 행동해야 된다. 추운 겨울 집에 들어와서도 "이렇게 추운 날 따스한 공간을 제공해줘서 너무 고마워."라고 감사의 마음을 가지고 집을 쓰담쓰담 만지는 행위를 해야 된다. 무생물이지만 같은 진동을 발산한다. 생각만 하지 말고 행동하라.

그다음 강력한 진동의 효과는 말이다. 긍정적인 말은 긍정적인 진동을 만들고 삶을 긍정적으로 만든다. 반대로 부정적인 말은 부정적인 진동을 만들고 삶을 부정적으로 만든다. 그리고 24시간 발산한다. 말이 그래서 중요하다. "왜 이렇게 안 풀리지?"하면 안 풀린다. "언제까지 이렇게 힘든 거지?"하면 계속 힘들다. 안 풀리는 진동과 힘든 진동이 계속 나오면서 사방팔방 발산하기 때문이다.

불조심 물조심보다 백만배 더 조심해야 되는 것이 말조심이다. 말조심하자. 말한 그대로 이루어진다. 실패의 원인은 1,000가지도 넘지만, 성공의 방법은 딱 1가지다. 그 하나만 하면 성공한다. 그런데 실천을 하는 사람이 매우 적다. 그래서 성공하는 사람이 매우 적은 것이다.

성공하고 싶은가? 성공하고 싶은 모습을 한 문장으로 만들고 하루에 천 번씩 6개월만 외쳐라. 무조건 성공한다. 18만 번만 외쳐라. 그럼 성공한다. 성공 별거 아니다. 18만 번 외칠 수 있겠는가? 외치면 성공의 진동이 계속 발산된다. 성공에 필요한 진동들이 모인다. 성공 안 하기가 힘들다.

진심으로 외치기만 하면 된다. 긍정의 진동이 반드시 성공의 물질을 만든다. 물질은 진동이다. 사람들은 생각하고 말하고 행동한다. 그런데 이 세 가지의 진동을 다 긍정적으로 만드는 것이 제일 중요하고 어렵다.

생각은 긍정적으로 했으나 무의식적으로 툭툭 부정적인 말을 내뱉는다. 말은 긍정적으로 하면서 무단 횡단하는 부정적인 행동을 한다. 모든 것은 내가 만든다. 긍정적인 진동을 만드는 방법은 생각-말-행동의 순서가 아닌 거꾸로 행동-말-생각의 순으로 해보는 것이다.

일단 행동을 먼저 하면서 말을 만들어보라. 아침에 일어나 웃으면서 거울을 보는 긍정적인 행동을 하면서 "나는 할 수 있다."라고 말해보자. 긍정적인 생각이 나중에 생긴다. 긍정적인 진동이 생긴다. 그리고 발산되면서 긍정적인 환경으로 바뀐다.

내가 원하는 물질이 생긴다.

내가 행동한 대로 내가 말한 대로 내가 생각한 대로 물질이 형성되며, 그 물질이 결국 내 인생이고 내 삶이다. 행동부터 해보자. 모든 공간은 에너지고 진동이다 공간을 바꿔라. 술집이라는 공간의 진동에서 도서관이라는 공간의 진동으로 바꿔라. 나의 기운을 뺏는 사람들의 모임 진동에서 나에게 좋은 기운을 주는 책의 진동으로 바꿔라. 지저분한 방의 진동에서 청소를 한 깨끗한 방의 진동으로 바꿔라. 성공은 나의 진동을 얼마나 긍정적으로 잘 바꾸느냐에 달려 있다. 나의 공간을 바꿔보자.

담배 안에는 1%의 타르와 99%의 후회가 있다

"좋은 운을 맞이하려면 노담하라. 운은 담배 냄새 엄청 싫어
한다. 노담하지 않으면 인생 노답이다."

말은 씨앗이다. 긍정의 말은 긍정의 열매를 맺는 씨앗이다. 부
정적인 말과 욕은 할 때는 시원한 거 같지만, 시간이 지나면 안
좋은 느낌이 든다. 부정적인 말이나 욕이 퍼진 내 몸의 세포가
힘들어한다는 뜻이다. 우리의 몸은 사랑의 빛으로 구성이 되어
있기 때문이다. 사랑의 빛 자체가 우리 인간이다. 인간이 모르
는 것뿐이다.

조금은 가볍지만 아주 중요한 주제에 대해서 이야기해볼까
한다. 바로 담배에 관한 이야기다. 많은 사람들이 담배를 피니
까 가벼운 주제인 듯하지만, 사랑의 빛으로 구성된 우리 인간의
몸과 마음을 질식시키는 담배는 아주 중요한 문제다.

나는 대학교 3학년 때 담배를 처음 접했다. 보통은 대학교 1학년이 되면 다 피웠는데, 나는 2학년 때까지 안 피웠다. 2학년 겨울 방학 때. 서울대학교 의대를 간 고등학교 절친을 만났는데 그 친구가 담배를 엄청 피우는 모습을 봤다. 고등학교 때 순진하게 그렇게 공부만 하던 녀석이었는데……. 그 친구의 모습을 보고 충격을 많이 받았던 기억이 있다. 그 정도로 담배를 기피했다.

대학교 3학년 R.O.T.C 훈련을 선배들로부터 받을 때였다. 산에서 체력 훈련을 받은 후 무심코 주는 선배의 담배를 받고 피웠던 그 한 대. 그 한 대의 담배는 그 이후로 계속 나를 따라다녔다. 경찰에 절대 잡히지 않는 스토커처럼. 시도 때도 없이 따라다녔다. 담배를 혐오하고 싫어하던 나는 그 훈련 이후 담배를 너무도 사랑하는 사람이 되었다.

여기서 얻을 수 있는 교훈이 무엇일까? 담배는 절대 첫 경험을 하면 안 된다. 담배의 첫 경험은 반드시 후회로 포장된다. 처음에 피우는 담배는 너무도 역하고, 어지럽고 머리가 아프다. 그러나 그것이 바로 중독의 출발이다.

그 이후로 담배를 계속 폈다. 잘 때 빼고 깨어 있을 때는 언제나. 옛날에는 회사 내에서 담배를 피울 수 없는 공간이 없었다. 사무실, 비상구, 복도에 원탁 테이블과 재떨이가 항상 있었다. 50대 부장님이 뒤에 계셔도, 영업 부서라 아침부터 퇴근할 때까지 담배를 물고 일했다. 지금 생각하면 참 무지했다. 그때는 맞고 지금은 틀린 건가. 암튼 그땐 그랬다.

40대를 앞둔 나이가 되었을 때 너무 힘들어하는 육체의 소리를 들었다. 그때부터 금연을 시도했다. 금연을 위해 안 한 방법이 없을 정도였다. 끊고 다시 피우기를 40대부터 50대 중반까지 끊임없이 반복했다.

담배는 정말 백해무익하다. 4,000가지 넘는 유해성분이 있고, 특히 타르는 암을 유발한다. 그 타르가 바로 아스팔트 깔 때 사용하는 시꺼먼 재료다. 담배 한 개비를 피운다는 것은 아스팔트 만들 때 사용하는 그 시꺼먼 재료를 우리 몸 안에 넣는 것이나 마찬가지다. 담배 중독의 원인은 다 알다시피 니코틴이다. 니코틴의 중독은 마약을 훨씬 능가한다. 마약보다 더 세다.

담배 중독에 관한 회사 선배 이야기다. 선배는 담배를 끊은 지 10년이 훨씬 넘었다. 어느 날 회사 워크숍을 한 겨울에 갔다. 워크숍하고, 저녁에 다 같이 술을 엄청 먹고 이야기를 많이 했다. 당연히 그 선배는 담배를 피우지 않았다.

그런데 그다음 날 아침에 해장을 하려고 해장국집에 우르르 가서 맛있게 땀 흘리면서 해장국을 한 그릇 하고 나왔다. 큰 항아리 재떨이 있는 곳에 옹기종기 원으로 둘러서서 담배를 피우고 있었다. 그때 그 선배는 추운 겨울날 해장국 한 그릇 후, 숙취에 기분 좋은(?) 팀원들이 다들 모여 웃으면서 담배 피우는 모습과 하얀 담배 연기를 보고 저도 모르게 말했다고 한다.

"야, 담배 하나 줘봐."

그 이후로 담배를 다시 피우게 됐다. 더 놀라운 건 끊기 전보다 훨씬 더 많이 피우게 됐다는 것. '담배는 한번 피우면 끊는 일이 어렵구나. 애초에 끊는 건 불가능할지도 모른다. 단지 안 피우는 것뿐.'이라는 사실을 그때 깨달았다.

담배를 끊고자 노력하던 때에 한 갑을 사면, 한두 개비 피우고 버리기도 했다. 한번은 화장실에서 피운 후, 다시는 안 피운다고 결심하면서 휴지통에 통째로 담배를 버렸다. 3시간 뒤 화장실에 다시 와서 남들이 똥 닦은 휴지들을 제치고 내가 버린 담배를 찾는 나를 발견했다. 담배가 세상에서 제일 무서운 스토커인데, 이놈의 스토커는 처벌을 절대 받지 않는다.

담배의 가장 무서운 점은 우리 혈관에 영향을 미친다는 사실이다. 우리 혈관을 고속도로라고 생각해보자. 도로가 잘 정비되어 있으면, 차가 잘 달린다. 그런데 그 도로에 누군가가 계속 조그마한 돌을 떨어뜨린다. 그것도 매일매일. 그러면 언젠가는 그 도로가 당연히 막힌다. 그럼 차가 지나갈 수 없다. 도로의 의미가 없어진다. 그 도로가 우리 혈관이고, 지나다니는 차가 우리 혈액이다. 그리고 매일매일 도로에 즉 혈관에 쌓이는 돌이 담배의 유해성분, 찌꺼기다. 결국 혈관이 막힌 후, 혈액이 지나가려고 하면 터진다. 혈관이 막혀서 터지는 병들이 동맥경화, 심근경색, 뇌경색, 뇌출혈이다. 암은 죽는 날까지 삶을 정리할 시간을 주지만, 담배 관련 병은 준비할 시간을 주지 않는다.

준비할 수 있는 정신과 육체를 주지 않는다.

아들아이에게 말해주고 싶다. 지금 얼굴에 있는 약간의 홍조도 담배를 끊으면 바로 없어진다. 피곤하고 지치는 저질 체력도, 아침에 일찍 못 일어나는 것도 전부 담배 때문이다. 지금 도로가 점점 좁아져서 차가 잘 다니지 못하는 상황이다. 도로가 완전히 막히기 전에 끊자.

마지막으로 담배를 끊기 위해 제일 중요한 것은 본인의 마음이고 자세다. 즉 담배를 그냥 피우지 않는 것이다. 그냥 지금부터 피우지 않는 게 가장 좋다. '금연할 거야.'라고 생각하면 담배가 더 집요하게 덤빈다. 금연이라는 밑바탕의 생각은 지금 흡연을 하고 있다는 생각이기 때문이다. 잠재의식은 계속 흡연을 생각한다. 그래서 끊기 어려운 거다. 사랑의 반대는 증오가 아닌 무관심, 금연의 방법도 그냥 담배에 대한 무관심이다. 생각을 하지마라. 끊고자 하는 의지와 무관심이 답이다.

어느 누구도 누런 이와 빨개진 피부, 그리고 지친 모습으로 이야기하는 사람을 좋아하지 않는다. 좋은 운도 나에게 내려오다가 담배 냄새 때문에 다시 올라간다. 역한 담배 냄새는 내 좋은 운을 다시 돌려보내기 충분하다. 좋은 운은 담배 냄새를 제일 싫어한다. 내 기운이 좋아야 좋은 기운의 사람을 만나고, 그런 좋은 기운들이 모여 내가 원하는 삶의 방향으로 가는 것이다. 좋은 운을 막는 담배 끊자. 지금. 바로. 입과 손가락에서 나는 똥 냄새를 없애자.

5

돈 공부

노량진 수산시장의 싱싱한 문어처럼
돈은 살아있다

아빠의 한마디

"나는 내 자동차가 살아있는 생물이라고 생각한다. 시동을 끄고 내릴 때 항상 고맙다고 말하면서 핸들에 뽀뽀한다. 이 행동을 하고 난 후 단 한 번도 차 사고가 난 적이 없다."

돈은 노량진 수산시장의 문어보다도 더 싱싱하게 살아있다. 사실 지구상의 모든 물질은 다 살아있다. 목숨이라고 생각하면서 우리 인간들만 살아있다고 생각하는 것은 어리석은 생각이다. 우리 인간이 생물 무생물로 나눈 것뿐이다. 인간의 입장이다. 신의 입장에서 보면 다 살아있다. 모두 살아있는 존재다.

내가 타는 자동차도 살아있고, 지금 원고를 집필하고 있는 이 노트북도 살아 있고, 오늘 내가 신은 신발도 살아있다. 사람을 포함하여 이 세상에 존재하는 모든 것은 진동으로 되어 있는 에너지 덩어리다. 진동은 항상 움직인다. 우리가 못 느낄 뿐 모든 물질은 움직이는 진동이고 사실 살아있다. 같은 진동수를 가진 것끼리 뭉쳐져 물질을 형성하고 있다. 물질도 사실은 그

물질을 이루는 요소와 공간으로 되어 있다. 우리가 물질 안의 공간을 느끼지 못할 뿐이다.

그래서 나는 자동차에서 내릴 때 항상 인사를 한다. "고마워 오늘도 고생했어, 렉서스."라고 감사 인사를 한 후 내부를 쓰다듬어주고 내린다. 왜? 자동차는 살아있고 나의 소리를 다 듣기 때문이다. 정확히 표현하면 내 감사의 진동이 자동차의 진동에 닿는다는 말이다. 이렇게 자동차를 사랑으로 대한 이후에 30년 동안 단 한 번도 사고가 나지 않았다. 그 전에는 사고가 많았다. 택시, 교통 경찰차(police)하고 정면으로 부딪친 사고도 있었다.

돈은 살아있다

돈은 항상 움직인다. 돈도 진동으로 되어 있다. 매일매일 이 사람에서 저 사람. 저 금고에서 이 금고. 이 지갑에서 저 지갑으로 움직인다. 돈은 항상 움직이면서 진동으로 되어 있는 살아있는 생물이다. 그런데 이 돈은 아주 예민한 성격의 소유자다. 나의 진동에 너무도 예민하게 반응한다. 그래서 돈을 대할 때는 항상 조심해야 된다. 내 생각과 말의 진동이 돈에게 너무도 잘 전달되기 때문이다. 아주 예민하신 분이다.

돈을 잘 버는 마인드는 지금 가지고 있는 모든 것에 무조건 감사하는 것이다. 감사 마인드가 돈 버는 것과 어떤 관계가 있는지 자세히 설명해보겠다. 지금 가지고 있는 이 휴대폰, 노트북, 집, 차, 펜 등 전부다 내가 산 것이다. 정말 기분 좋은 일이다. 살 능력이 돼서 구입을 했으니 너무 감사한 일이다. 이 펜을 볼 때마다 뿌듯함과 감사함을 느낀다. 그러면 계속 나한테 돈이 들어올 수밖에 없다. 왜냐하면 이 펜을 샀다는 의미는, 이 펜을 살 당시의 돈하고 맞바꿨다는 개념이다. 그러므로 지금 이 펜은 돈의 다른 형태로 모습을 하고 있으니 결국은 돈의 개념이다. 이 펜은 돈이다. 형태를 바꾼 돈. 그런 이 펜을 보면서 항상 감사하고, 행복해하고, 기분 좋은 생각을 계속 가진다면, 결국은 이 펜의 분신인 돈이 나한테 다시 돌아서 들어온다. 잘 생각해 보자.

스마트폰도 2년 전 약정으로 살 때는 너무도 기분이 좋았다. 보호필름 붙이고, 떨어질까 봐 옥이야 금이야 신경 쓰고, 파손 보험도 들었다. 보면 볼수록 기분이 좋았고, 주변에서 "최신 폰이야?"라는 질문을 받으면 약간의 우쭐함도 있었다. 땅바닥에 떨어뜨리면 열 번도 더 상처 난 곳을 보고 마음 아파했다. 그런데 2년이 지난 지금은 어떤가? '똥폰이야. 빨리 바꿔야지. 볼수록 정이 안 가네.'라고 생각한다. 때론 못 박을 때 망치 대용으로 사용한다. 그러면 이 휴대폰을 살 때 지불한, 정확히 말하면 휴대폰과 교환한 나의 돈은 다시 내 품속으로 돌아오지 않는다.

우선 내가 가진 것에 진심으로 감사하는 마음을 가지는 것이 돈을 끌어당기는 제 1원칙이다. 돈 벌고 싶으면 돈 주고 산 모든 것에 감사해라. 그리고 돈을 사용하면서 '항상 감사해 나의 돈아 고마워. 이렇게 좋은 물건, 좋은 음식으로 바꿔줘서 나가서 잘 놀다가 다시 돌아오렴. 올 때는 친구들도 많이 데리고 와~ 항상 따뜻하게 대해줄게. 사랑해.'라고 속으로 생각하며 돈을 사용하는 것이다.

돈을 쓰면서 '아이, 아까워~ 뭐 이리 비싸.'와 같이 부정적으로 생각하면, 돈은 자기를 싫어한다고 여겨 절대 돌아오지 않는다. 가난하고 궁핍한 삶을 계속 살게 되는 것이다.

어렸을 때 친구 집에 놀러 갔는데 아주 잘 사는 집 친구였다. 그런데 그 친구와 식구들이 엄청 불편하게 대했다. 밥도 나 몰래 먹고, 자꾸 눈치를 주었다. 그래서 그 친구를 때려주고 절교한 일이 있었다. 지금도 생생히 기억이 난다.

돈은 친구다. 돈을 거꾸로 하면 '굳'이다! 돈은 좋은 것이고, 좋은 친구다. 그런데 친해지려고 하는 친구한테 부정적인 말하고, 눈치 주고, 자꾸 돈돈돈 하면서 보채면, 내가 그 친구와 절교한 것처럼 돈이 나와 절교를 선언한다. 돈이 안 들어온다. 돈이 떠나간다.

항상 지갑에 돈을 가지런히 잘 모시고, 가급적이면 지갑에 돈을 많이 가지고 다니는 것을 추천한다. 돈도 친구들이 많이 모여 있는 곳에 오고 싶어 한다. 지갑에 돈은 없고 영수증만 있고, 이상한 종이들만 있으면 돈들이 너무 썰렁하고 추워서 이 지갑으로 들어오고 싶어 하지 않는다. 집이 포근하고 따뜻하고 잘 정리가 되어 있어야 집에 들어오고 싶고, 집으로 사람들을 초대하고 싶어지는 원리하고 똑같다.

살면서 돈이 잘 들어왔을 때를 돌이켜보면 돈에 집중하지 않았다. 돈보다는 오늘 할 일, 주간, 월간에 해야 될 일들에 몰입하고 집중했다. 결국 돈, 돈, 돈 하면서 돈을 좇으면 도망가고, 돈을 생각하지 않고 본연의 일에 집중하면 돈이 알아서 들어온다.

공자의 제자들은 전부 천재였다. 딱 한 명만 빼고. 바로 번지라는 제자였다. 공자를 수행하는 수레 기사 겸 비서실장이었다. 어느 날 공자님을 수레에 모시기 전에 번지가 질문한다. "공자님, 삶이란 무엇입니까?" 공자는 순간 고민했다. "아~ 다른 제자들은 천재라 어렵게 설명해도 다 알아듣는데, 번지는?" 공자는 번지가 바보라 한참을 고민했다. 그리고 아주 짧게 말씀하셨다. "인생은 선사후득이다 끝." 천재는 아니지만 성실한 번지는 평생 공자의 이 말씀을 실천해서 결국에는 공자의 최고 수제자가 되었다.

인생도 삶도 돈도 다 '선사후득'이다. 돈을 생각하지 말고 일하자. 이렇게 생각을 바꾸고 행동해보자.

'어떻게 하면 돈을 많이 벌 수 있을까?'가 아닌 '어떻게 하면 내가 좋아하고 지치지 않는 일을 할 수 있을까?'라고, '어떻게 하면 돈을 잘 쓸 수 있을까?'가 아닌 '어떻게 하면 사업이든 인생이든 서로 잘 협력할 수 있는 사람들을 만날 수 있을까?'라고, '어떻게 하면 돈을 많이 모을 수 있을까?'가 아닌 '지금 시중에 나와 있는 좋은 금융상품은 무엇일까?'라고 말이다. 내 생각의 포인트를 돈이 아닌 일, 저축, 투자, 세상의 변화에 초점을 맞춘다면 돈은 알아서 온다. 아니 오신다. 기분 좋게 왕림하신다.

카카오 김범수 의장이 카카오를 만들 때 카카오 서비스를 만들면 어마어마한 돈을 벌 수 있다고 생각했을까? 아마도 아닐 것이다. 그때만 해도 문자 서비스가 건당 30원으로 비쌌다. 원가는 터무니없이 저렴했다. 그런 구조 속에서 사람들에게 좀 더 편리한, 좀 더 저렴한, 좀 더 기능이 많은 서비스 제공에 대해서 생각하지 않았을까? 좀 더 편리하고, 좀 더 소통을 잘하고, 좀 더 업무를 심플하게 할 수 있는 그런 더 나은 세상을 꿈꾸지 않았을까? 더 나은 세상을 꿈꾸었기 때문에 초창기 투자를 못 받아서 힘들 때도 버티었을 테다. 만약에 돈만 생각했다면 초창기 돈이 안 되고, 투자가 안 되었을 때 아마도 사업을 접었을 거다.

돈은 내가 그린 큰 그림 안에 한 부분이다. 돈이 전체가 될 수 없다. 돈이 목적이 되면 절대 안 된다. 살아있는 생물인 돈을 인격적으로 대하면, 알아서 들어온다. 돈을 인간적으로 대하자.

돈을 거꾸로 하면 '굳'
돈은 좋은 것이다

"돈 벌면 내 지갑 말고 부모님 지갑으로 다 밀어 넣어라! 친구들보다 훨씬 빨리 종자돈을 모을 수 있다. 부모님은 절대 자식 돈 떼먹지 않는다."

어느 날 딸아이를 학원에 데려다주는데 "아빠, 돈 있으면 집을 사야 돼, 차를 사야 돼?"라는 질문을 받았다. 그래서 집을 먼저 사야 되고 그 이유를 이야기해주었다.

우리나라 교육에 아쉬운 점이 많다. 그중에 하나는 돈에 대해서 어떠한 가르침도 주지 않는다는 것이다. 대한민국이 공산주의 국가도 아니고 자본주의 국가임에도, 어렸을 때부터 돈에 대한 개념을 확실히 가르치지 않는다. 그래서 사명감보다 돈을 벌 수 있다는 생각만으로 의대에 지원한다. 사람의 목숨을 다루는 일에 무엇보다도 중요한 것이 사명감이다. 과연 의대 지원하는 학생들의 사명감은 높을까?

일단 종자돈 마련부터

돈을 벌고 싶다, 돈을 잘 쓰고 싶다, 부자가 되고 싶다, 돈을 벌어서 사람들을 돕고 싶다⋯⋯. 많은 생각을 하지만 정작 돈에 대해서는 아는 것이 하나도 없다. 돈을 벌고 싶다는 막연한 생각만 한다. 어떠한 창의적인 행동도 하지 않는다.

사실 배운 적도 없다. 돈을 어떻게 벌어야 되는지? 어떻게 모아야 되는지? 어떻게 써야 되는지? 그냥 모른다. 아무 생각이 없다. 이런 본인의 무지함을 사회 탓으로 돌리지 않았으면 한다. 집값이 너무 올라서 의미가 없다, 희망이 없다, 취업이 어렵다⋯⋯. 자기 합리화는 하지 말자. 이 와중에 집을 사는 사람, 취업이 된 사람은 존재한다.

나도 20대 중반에 취업하기 전까지는 돈에 대한 개념은 없었으나, 부모님 말씀은 잘 들었다. 신입사원 때부터 급여를 어머니가 직접 관리해주셨다. 5년 후 현금 1억 원이 모였고, 주택담보 대출을 받아서 그 당시 1억 4천만 원으로 마포에 25평 아파트를 샀다. 똑같이 직장생활을 시작한 동기들 중에서 제일 먼저 집을 장만했다. 그 당시 대부분의 동기들은 본인이 직접 돈을 관리했기 때문에 종자돈을 모으기 힘들었다.

여기서 얻을 수 있는 교훈이 몇 가지가 있는데 첫 번째가 시드머니 즉 종자돈이 아주 중요하다는 사실과 그 종자돈은 반드시 시간을 필요로 한다는 사실이다. 시간의 개념을 생각하지 않고 돈을 벌 수 있다는 말은 사기를 의심해야 한다. 종자돈은 반드시 시간을 버티는 인내가 필수다. 반드시 그래야 모인다.

매일매일 하는 꾸준함이 제일 중요하고, 제일 어렵다. 저축도 꾸준히 하는 것이 정말 중요하다. 스무 살이 된 자녀에게 말해주고 싶다. 지금부터 30년 동안 한 달에 30만 원씩 저축한다는 계획을 수립하고 실천해보자고. 대학생이라도 아르바이트로 한 달에 30만 원 저축을 충분히 할 수 있다고 생각한다.

투자의 입장에서 보면 이자가 낮은 저축은 매력적이지 않다. 물가상승률을 따져봐도 사실 저축은 하면 안 된다. 그러나 꾸준한 저축은 돈과 친해지고, 돈과 아주 끈끈한 친구가 될 수 있는 감각을 가져다준다. 돈과의 친숙함 측면에서 저축은 필수다. 돈에 대한 명확한 목표의 개념을 줄 수 있는 것도 저축이다. 돈과 좋은 감정을 가진 친구가 되어야, 돈이 내 주변을 떠나지 않고 항상 나와 함께한다. 저축을 하면서 돈과 친구가 되어보자. 그냥 친구 말고 절친이 되어보자.

두 번째는 돈도 관리를 누가 어떻게 하느냐가 중요하다는 사실을 깨달았다. 그 당시 어머니는 항상 돈에 감사하고, 돈을 함부로 대하지 않으셨다. 아들이 힘들게 벌어온 돈이라는 생각으로 귀하게 생각하셨다. 내가 급여를 드리면 거의 대부분을 저축으로 넣고 남은 돈을 용돈으로 주셨다. 먼저 저축하고, 남은 돈을 지출하는 원칙을 실천하신 것이다. 지금까지도 어머니는 이 습관을 유지하고 계신다. 돈 모으는 건 습관이다. 내가 살아보니 먼저 저축과 투자를 하고 그다음에 지출하는 것이 정말 중요하다.

사실 나도 그 당시에는 돈에 대한 개념이 없었다. 특히 투자에 대한 개념이 없었다. 지금과 같은 투자의 시대도 아니었다. 그 당시 주말마다 부동산에 관심 있는 선배들은 매주 발품을 팔면서 전국을 돌아다녔다. 주식투자를 전화로 계속한 선배도 계셨다. 지금처럼 홈 트레이딩 시스템이 없었던 시절이니까. 경매에 관심을 가지고 계속 연립 주택을 보러 다니던 선배도 있었다. 지금 그분들은 전부 다 경제적인 자유를 이루었다.

그런데 나는 오로지 회사생활에만 뜻을 두었다. 자본주의 사회에서 돈이 돈을 버는 시스템을 전혀 몰랐다. 열심히 회사생활 하면 언젠가 부자가 되겠지? 이렇게 열심히 살면 나중에 좋아지겠지? 회사 임원 연봉을 구체적으로 알지도 못하면서, 임원이 되면 부자가 되겠지? 막연한 생각을 하면서 살았다.

지금은 시대가 바뀌었다. 막연하게 생각하고, 막연하게 '어떻게든 되겠지.'하면 절대로 안 되는 4차 산업 혁명시대다. 모든 것이 분명한 시대다. 옛날처럼 뒷걸음질 치다가 모 잡는 그런 시대가 절대 아니다. 정신 똑바로 차려야 된다. 돈에 대한 명확한 목표를 가지고, 수익에 대한 파이프라인을 가급적이면 많이 만들려고 노력해라. 시대의 변화에 아주 민감하게 반응하면서 항상 주변을 살펴야 되는 시대다.

아들아, 딸아, 학문의 길로 갈 생각이 아니면, 먼저 근로소득 즉 직장인으로서의 소득을 먼저 경험했으면 좋겠다. 20대 초

반인 지금부터 투자와 저축을 병행하는 삶을 시작했으면 좋겠다. 저축은 30년 정도 꾸준히 할 수 있는, 단리보다는 복리로 적용 받을 수 있는 시중의 금융권 상품을 알아보고 월 30~50만 원 수준으로 바로 가입을 했으면 한다.

투자는 주식, 채권, 부동산, 외화, 금, 선물, 옵션 등 많은데 일단 자본주의 사회니까, 주식투자를 했으면 좋겠다. 아들은 지금 주식투자를 하고 있는데 조금 더 공부를 깊게 했으면 좋겠다. 투자도 아는 만큼 보이고 아는 만큼 수익이 난다. 그리고 IPO에도 관심을 가지고 투자를 했으면 좋겠다. 지금은 일반인들도 IPO에 소량이지만 투자할 수 있는 시대다.

딸아이는 투자에 관심이 전혀 없는 거 같다. 투자에 관심이 전혀 없다면 특기인 미술과 캐릭터 그리기 등을 살려서 사업적인 소질을 발휘해도 좋을 거 같다. 지금 시대는 특이한 것이 주목받는 시대이니까 본인의 역량을 발휘하는 것도 일종의 투자다.

누구는 네이버에 웹툰을 올려서 1천억 원대의 건물주가 되고 누구는 일주일 내내 그 웹툰이 올라오기를 기다리고 있다. 누구는 카카오에 이모티콘을 만들어 올려 수억의 연봉을 받는데 누구는 그 누군가 만든 이모티콘을 사용하면서 돈을 지불한다. 누구는 본인이 좋아하는 것을 유튜브 방송으로 찍으면서 돈까지 버는데, 누구는 그냥 시청하면서 그대로 잠든다. 내일을 걱정하면서.

젊다는 건 아무것도 없어서 조금은 허전할 수는 있어도, 반대로 새롭게 시작할 수 있고, 또 오래오래 앞으로 꾸준히 계획한 바를 실천할 수 있다는 장점이 있다.

사람들은 돈을 왜 많이 벌려고 할까? 일하지 않고 쉴 수 있으니까? 행복 할 수 있으니까? 남을 위해 일 안 할 수 있으니까? 과연 그럴까?

일 안하고 쉬면 좋을까? 내가 생각하는 답은 'NO'이다. 죽을 때까지 일하는 것이 행복이라고 생각한다. 일의 강도를 줄여나가는 거지. 일이 없으면 빨리 늙고 빨리 죽는다. 돈이 많으면 행복할까? 내가 생각하는 답은 'NO'이다. 정확한 표현은 돈이 많으면 행복할 확률이 높은 거지. 반드시 행복해지는 건 아니다. 남을 위해 일 안 할 수 있으니까? 내 대답은 역시 'NO'이다.

세상에 남을 위해 일하는 건 존재하지 않는다. 내가 그렇게 느끼고 생각하는 것뿐이다. 어떤 일이든 다 나를 위하고 가족을 위한 일이다.

20대인 지금부터 돈에 대한 개념을 잡고 공부 좀 하자. 돈에 대해 공부하는 사람이 많지 않음이 바로 기회다. 책 안 보는 사람이 많은 것은 기회다. 책 보고 공부하면 무조건 성공한다. 그만큼 경쟁 상대가 없기 때문이다. 요즘 세상 참 성공하기 쉬운 세상이다.

삶이 안개 속에 있는 게 아니라
목표가 흐릿해서 그렇다

"비가 올 때, 눈이 올 때, 바람이 불 때 골프 라운딩 많이 해 봤다. 제일 어렵고 더러운 경우가 안개 속 라운딩이다. 내 목표가 안개처럼 흐리면 내 인생이 어렵고 더러워진다."

목표의 사전적인 의미를 한번 보자. 목표는 행동을 취하여 이루려는 최후의 대상이다. 즉 행동을 취하지 하고 생각만으로 취하려는 것은 목표가 아니다. 목표에는 반드시 행동이라는 개념이 같이 녹아 들어가 있어야 된다.

살면서 목표가 왜 중요할까? 망망대해를 항해하는 배가 등대가 없다면 어디로 가야 될까? 방향성을 모르니 계속 같은 곳을 돌고 있어도 모르겠지. 바로 이 등대가 목표의 개념이다. 등대처럼 앞으로 나아갈 수 있는 지침을 제공해주는 것이 목표다.

그럼 목표를 어떻게 설정하고 앞으로 나아가야 될까? 사람들의 일반적인 새해 목표는 다이어트, 영어공부, 책 많이 읽기 등등이다. 이런 건 진정한 목표가 아니다. 그냥 쓰레기다. 이런 목표를 나는 '안개 목표'라고 칭한다. 구체성이 없고, 숫자가 들어 있지 않으며 앞이 보이지 않는 것은 안개 목표. 안개 목표는 반드시 길을 잃게 되어 있다. 안개 목표는 힘도 없다.

목표 달성을 하고 싶다면

목표에는 반드시 숫자가 같이 들어가야 된다. 나는 2024에 6월까지 5kg을 감량했다. 나는 외국인과 영어회화가 가능 하도록 EBS 방송 6시~06시 30분 히어링 방송을 매일 들었다. 책은 하루에 50페이지씩 읽고, 한 달에 4권, 1년에 50권을 읽었다. 이렇게 숫자와 과거형으로 적고 이미 이룬 모습을 상상하는 것이 진정한 목표다. 그래야만 안개 속을 헤매는 일 없이 밖으로 나올 수 있다. 숫자와 과거형이 아닌 목표는 안개 속에서 헤매다 사람을 지치게 만들어 의욕을 없애 버린다.

목표를 세우고 잘 달성할 수 있는 우리 몸의 근육, 즉 목표 달성 근육을 어떻게 하면 잘 만들 수 있을까?

첫째, 먼지 같은 목표를 설정하고 매일매일 달성하라. 우리 뇌는 갑작스러운 변화를 엄청 싫어하고 격렬하게 저항하는 까다로운 성격이 있다. 3일 정도 되면 그만하라는 신호가 아닌 명령을 내린다. 그래서 작심삼일이다. 처음 시작은 실패하는 것이 불가능할 정도로 가벼운 먼지 목표를 설정하고 매일매일 달성하라. 한 방울의 물방울이 바위를 뚫고, 한 줌의 흙이 모여 산을 이룬다. 이런 먼지 목표를 매일 성취하다 보면 어떠한 목표도 달성할 수 있는 근육을 키울 수 있다. 아주 강한 잔근육을 말이다. 오늘부터 매일 해보자. 1분 명상. 팔굽혀펴기 1개, 아침 이불 정리하기. 매일 해보자.

절대 성공은 하루아침에 이루어 지지 않는다. 행동하는 하루하루가 모여 이루어진다. 하루아침에 이루어지는 성공은 120% 사기이다. 우주에 살고 있는 우리는 우주 그 자체이다. 우리의 긴 인생의 압축도 오늘 하루다. 저녁에 자는 것은 죽음을 의미하고, 아침에 일어나는 건 다시 태어남을 의미한다. 오전은 초년, 오후는 중년, 저녁은 노년이다. 초, 중년 즉 오전과 오후를 허무하게 보내거나, 아무 일도 하지 않고 보람 없이 보낸다면, 노년 즉 저녁 시간이 너무 힘들고 허무하다. 하루가 인생이다. 하루를 잘 보내는 사람이 인생을 잘 보낼 수 있다. 인생 힘들어 하지 말고 오늘 하루만 잘 보낸다는 생각, 오늘 오전만 잘 보낸다는 생각, 지금 이 순간을 잘 보낸다는 생각만 하면 된다.

둘째, 목표 달성을 위한 중요한 포인드는 준비하는 데 너무 많은 에너지를 쏟지 말자. 사실 준비하는 게 귀찮아서 안 하는 게 의외로 많다. 예를 들어 나는 운동을 좋아하는데 준비 시간은 최대한 짧게 한다. 헬스장은 무조건 집에서 제일 가까운 곳이어야 된다. 골프연습장도 최대한 동선 내에 있어야 된다. 운동을 하기 위한 준비 시간은 최소화해야 목표를 달성할 수 있다. 책 읽는 목표를 달성하기 위해서는 책을 내가 손을 뻗으면 항상 닿을 수 있는 곳에 비치해야 된다.

인간의 기본적인 마인드로 마음속에 아주 콕콕 박혀 있는 것이 귀차니즘이다. 이 귀차니즘이 목표 달성을 방해하는 최대의 적이다. 목표 달성을 위한 행동을 할 때는 귀차니즘을 무조건 최소화해야 된다. 나는 감사의 명상을 아침에 일어나자마자 바로 침대 옆에 앉아서 한다. 씻고, 자세 잡고, 옷 입는 준비 과정을 완전히 생략한다. 그래서 명상을 매일 할 수 있다. 아침에 눈뜨자마자 휴대폰 S펜을 꺼내서 바로 폰에 나의 꿈을 적는다. 눈뜨자마자. 그럼 매일매일 적을 수 있다. 나만의 루틴을 만들자.

나의 스승 고명환 작가님은 차에서 내리거나 탈 때 무조건 스쿼트 30개를 하신다. 또 아침 긍정 확언방송을 지금 800일이 넘게 단 하루도 안 빠지고 하신다. 그냥 일어나셔서 바로 방송을 하신다. 섬네일, 포토숍 작업 안 하신다. 그냥 하신다. 준비과정을 최소화하신 것이다. 귀차니즘이 들어올 틈이 없다. 고명환 작가님의 아침긍정 확언 방송은 1만일, 2만일도 계속하실 것이다. 귀차니즘을 완전 최소화했기 때문이다.

앞으로 1년 안에 책 한권을 쓰겠다는 목표를 세웠다고 해보자. 이를 달성하기 위해 내가 지금까지 이야기한 것을 대입해 보겠다. 오늘 제목이라도 일단 한 줄 쓴다. 뇌가 반항하지 않을 정도로 작고 가볍게 매일매일 실천을 하자. 하루에 한 줄만 쓰자. 그리고 귀차니즘을 최소화하자. 글을 쓰기 위한 시간을 따로 내지 말자. 시간을 낸다는 자체가 귀차니즘을 불러온다. 문구점 가서 작은 메모장과 볼펜을 사라. 그리고 항상 가지고 다니면서 써 보자. 가볍게 써보자. 그냥 써보자.

습관이 되기 전까지는 무조건 가볍게 그리고 매일매일. 거창한 준비 과정을 생략하고, 행동하면서 습관을 형성한다면 어떤 목표도 이룰 수 있다. 아니 이미 이루었다. 동기는 나를 움직이게 하지만, 습관은 당신을 전진하게 한다라는 말이 있다. 목표를 향해 전진하게 하는 힘은 바로 습관이다. 이 습관은 의식의 영역이 아닌 무의식의 영역이다.

매번 목표 달성에 실패하는가? 매번 목표 달성이 어려운가? 매번 목표가 안개 속을 헤매고 있는 거 같은가? 어느 순간 내 목표가 무엇인지 헷갈리는가? 그럼 답은 하나다. 나의 습관을 점검해보자. 하루 내가 시간을 어떻게 사용하는지, 하루 날 잡아 분단위로 적어보자. 습관이 나의 목표를 달성하게 해주는 가장 큰 힘이다. 안개 속에서 헤매고 있는 나의 목표를 끄집어내자. 빨리 안개를 걷어라!

운은 손님이다
다행히 진상 손님은 아니다

"가방 안에는 먹다 남은 과자 부스러기가 있다. 지갑에 돈은 없고 영수증만 있다. 안마의자는 이불 걸이로 사용한지 오래 다. 책상위에 양말이 있고, 옷장 안에 책이 있다. 침대 위에 휴 대폰, 노트북이 있다. 행운은 말한다. 어디에 앉으란 말인가?"

아인슈타인은 "어제와 똑같이 살면서 다른 내일을 기대하는 것 은 정신병자다."라고 말했다. 우리는 이미 빠르게 변화하는 시대 에 살고 있다. 변화하지 않으면 바로 인생 끝장나는 시대에 살 고 있다. 자기 전 하루를 정리하는 시간은 반드시 가지자. 어제 보다 오늘 어떤 점이 더 좋게 변화되었는지, 어떤 노력이 부족했 는지 5분이라도 생각하고 명상하자. 힘들면 누워서 잠 들기 전 에 침대에서 하자.

너무도 많은 것이 오픈되어 있는 시대다. 모르는 것은 바로 찾을 수 있는 시대다. 교수님께서 강의하실 때 맞는 말씀하시는 지 이제는 뒤에서 학생들이 구글, 네이버로 조회하는 시대다.

점점 통찰력의 지혜가 없어지는 시대다. 통찰력은 영어로 Insight 다. 즉 In(안) + sight(보다)다. 한국말로 다시 쉽게 해석하면 안을 본다는 말이다. 내 안을 보는 것이 인사이트다. 외부로 향한 나의 마음과 생각을 안으로 돌리는 것이 인사이트다. 온통 외부에만 관심이 있는 이 시대에 진정 필요한 건 통찰력이다. 내 안을 자꾸 들여다봐야 된다. 하루 5분, 아니 1분이라도 명상을 해라. 그럼 엄청난 통찰력을 가진 사람으로 거듭 날 것이다. 통찰력은 내 안에 있다.

그냥 오늘이 내일이고 내일이 오늘이고, 현재를 의식하지 않고 살아간다면 어디로 가게 될까? 아인슈타인이 이미 말했다. 정신병원에 가야 된다. 변화하려고 노력하지 않는 것은 이제는 죽을병에 걸린 것이다. 반대로 아주 조금이라도 변화하려고 노력하는 사람은 자신의 운명을 스스로 개척한다.

좋은 운을 맞이하는 방법 그리고 운명

일단 한자로 운의 의미는 운전 운, 즉 움직인다는 뜻이고, 사전적인 해석은 이미 정해져 있어 인간의 힘으로 어쩔 수 없는 천운이나 기수라고 되어 있다. 운은 항상 움직인다. 운은 항상 변한다. 하늘에 떠다니는 움직이는 운이 가득하다. 아주 많다. 항상 부정적인 말만 하는 사람, 변화하지 않는 사람, 자존감이 없는 사람, 자기 자신을 사랑하지 않는 사람들이 끌어당기지 못한 운들이 하늘에는 엄청 둥둥 떠다닌다. 그 운들은 주인이 없다. 정착할 만한 사람한테 내려가는 개념이다.

내가 운을 맞이할 자세와 마인드를 잘 닦고, 변화하려고 매일 노력하면, 다른 사람이 끌어당기지 못한 운까지 모두 끌어당길 수가 있다. 인간의 의도적인 힘으로 행운을 막 잡을 수는 없어도, 움직이는 운이 머무를 수 있는 편안한 안식처를 내가 내 마음속에 만들 수는 있다. 인간인 내가 인간으로서 최선과 정성을 다하고 그 결과는 하늘의 뜻에 맡긴다는 개념이다.

삼국지의 제갈량이 말한 '진인사대천명'의 뜻이다. 결국 과정은 인간이 하는 것이고, 결론은 하늘에 맡기는 것이다. 바로 그 하늘이 하는 것을 우리는 운이라 부른다. 우리 인간이 하늘의 뜻을 알 수 있을까? 하늘의 뜻을 알 수 없다. 그래서 행운인 줄 알았지만 불행이고, 불행인 줄 알았지만 행운인 경우가 많다. 로또 당첨이 큰 행운인 줄 알았으나, 불행으로 끝나는 경우가 더 많은 것처럼 말이다.

우리의 운명은 과정상의 우리의 노력에 하늘에 떠다니는 운을 곱하는 개념이다.

(운명 = 과정상의 노력 × 하늘에 떠다니는 운)

과정상의 노력을 아무리 잘해도 운이 마이너스이면 결론은 마이너스고, 운이 아무리 좋아도 노력이 제로이면 결과는 제로다. 과정상의 나의 노력은 기본이고 항상 운을 살피는 노력도 중요하다. 항상 나의 환경을 살피는 즉 나의 직관과 나의 내면의 소리에 귀 기울이는 습관이 중요하다.

저 하늘의 사람들이 못 챙긴 운이 나한테 와서 오래오래 머물 수 있는 방안을 한번 보자.

첫째, 닦고 조이고 기름 치자. 군대 용어다. 사회용어로는 비우고, 없애고, 버리자 내 주변을 항상 깨끗이 정리 정돈해야 운이 내려와서 편안하게 앉아서 오래 쉰다. 어디 안 간다. 운이 가방에 들어가서 좀 쉬려고 하는데, 어제 먹은 과자 부스러기와 볼펜이 나뒹굴고 있다. 그래서 지갑에 좀 들어가서 돈 좀 들어오게 하려고 했더니, 지갑속의 돈은 삐뚤빼뚤하고, 텅 빈 지갑은 썰렁하고 춥다. 지갑이 추우면 절대 운이 들어가서 쉬려고 하지 않는다.

방에 들어가서 운이 좀 쉬려고 했더니, 양말은 전부 짝짝이로 여기 저기 흩어져 있다. 책상 위에 옷이 있고, 옷장 안에 책이 있고, 침대 위에는 노트북, 인형이 있다. 거실에 안마의자에 가서 운이 쉬려고 했더니 안마의자는 이미 이불 걸이로 사용하고 있다. 운이 어디에 가서 앉을까?

운이 앉을 곳이 없어서 왔다가 그냥 간다. 더럽고 치사해서 가 아니라 그냥 더러워서 간다. 사람들은 운이 없다고 말한다. 사실은 운이 앉을 자리가 없는 것이다. 식당이 지저분하면 손님은 돌아간다. 다시 안 온다. 운은 손님이다. 항상 손님 맞을 준비를 해야 된다.

둘째, 매일 창문을 열고 감사 기도를 한다. 아침에 일어나서 바로 해도 되고, 외출할 때 해도 된다. 종교적인 개념이 아니라 오늘 하루 일할 수 있음에, 가족이 평안함에 감사의 기도를 드린다. 감사의 기도를 하늘을 쳐다보고 한다. 기도가 힘들면 그냥 창문을 열고 하늘 보면서 합장하고 진심으로 감사합니다. 감사합니다. 감사합니다. 세 번 외치고 나가면 된다. 저 하늘에 떠다니는 행운이 지나가면서 그 소리를 매일 듣고 내 방향으로 유턴한다.

셋째, 말조심한다. 운이 들어와서 어렵게 앉았는데 자꾸 "짜증나고 힘들어 죽겠어.", "죽여버리고 싶어."같은 말들을 하면 좋은 운은 내가 말하는 대상이 누군지 전혀 모른다. 행운인 본인한테 하는 말인 줄 알고, 무서워서 바로 떠나가 버린다. 부정적인 말 듣자마자 바로 떠난다. 운이 앉을 곳은 없고, 감사하다는 소리는 안 들리고, 매일 욕만 하고 있다면, 나한테 오려고 했던 운은 계속 하늘을 떠다니고 있다가 긍정적인 다른 사람에게 간다.

내 운명은 내가 만드는 것이다. 내 운명은 내가 챙기는 것이다. 아무리 노력하고 실천해도 일이 잘 안 풀린다면 내 주변과 말을 점검하고 하늘을 봐라. 저기 하늘에 떠다니는 내 운이 보인다. 얼른 불러라. 불러서 내려온 운이 오래 오래 앉을 수 있도록 주변 환경과 내 마음속 자리를 넓게 만들어라. 운은 반드시 내려온다.

물리적인 시간은 인간이 만든 허상일 뿐
오로지 지금만 존재한다

아빠의 한마디

"혈압약 타러 병원 가는 시간은 왜 이렇게 빨리 오는가? 왜 건강검진은 12월에 그렇게 몰리는가? 과제 전날 왜 꼭 밤을 새는가? 봄 다음 왜 바로 겨울인가? 왜 월급 주는 날은 그렇게 빨리 오고 월급 받는 날은 그렇게 늦게 오는가?"

세상에 최고로 공평한 게 시간이다. 누구든 하루 24시간이 주어진다는 건 진리다. 삼성의 이재용 회장도, 대통령도 그리고 서울역에 노숙하는 이도 똑같이 하루 24시간이 주어진다. 똑같이 주어진 하루의 시간을 어떻게 보내는지, 1분 1초 진심을 다 해서 사용하는지, 시간의 노예로 사는지 아님 내가 시간을 리드하면서 사는지에 따라 인간의 삶은 천차만별로 달라진다.

4차원이 아닌 3차원에 사는 우리로서는 시간을 빼놓고 삶을 논할 수 없다. 하루 24시간이 누구한테나 주어진다는 점과 누구나 시간이 흐르면 죽는다는 사실은 시간이 참 공평한 듯 보인다. 누구나 죽는다는 사실은 우리를 항상 시간 앞에서 겸손하게 고개 숙이게 만든다. 시간에 대해서 우리는 이런 표현을 많이 사용한다. 오늘 하루가 참 길었네. 이번 달은 금방 지나갔네. 벌써 연휴의 끝이야…….

살면서 같은 시간이라도 다르게 체감하는 경우는 많았다. 혈압약 타러 가는 병원의 시간은 정말 빨리 오고, 친한 분들 과의 술 약속 시간은 조금 느리게 오고, 월급을 주는 날짜는 너무도 빨리 오고, 적금이든 사업소득이든 내가 받아야 되는 날은 조금 천천히 오는 느낌이다.

똑같이 주어진 시간에 대해 우리는 왜 이렇게 서로 다 다른 느낌을 받는 걸까? 그것은 우리가 시간을 느낄 때 물리적 시간의 개념이 작동하는 것이 아니고 마음의 시간이 작동하기 때문이다. 실제로 물리적 시간은 존재하지 않는다. 인간들이 편리를 위해 만들어낸 관념일 뿐이다. 존재하는 것은 지금 이 순간을 느끼는 느낌만 존재하며 마음의 시간만 존재한다. 서로 마음의 시간이 이렇게 다 다르다는 것은 물리적인 시간을 내 마음의 시간으로 얼마든지 바꿔서 나에게 유리하게, 시간을 쓸 수 있다는 것과 같은 말이다. 돈은 없으면 다시 벌면 되지만 시간은 다시 되돌릴 수 없다. 내가 다시 30대가 될 수 있을까? 없다. 다시 환생해야 된다. 그래서 시간은 정말 유한하고, 마음의 시간을 내 마음에 쏘~옥 들게 사용하는 사람만이 인생을 잘 살 수 있다.

마음의 시간 관리를 잘하는 방법을 공유하고자 한다. 일단 하루의 시간을 3등분해라. 아침시간, 오후시간, 저녁시간으로 3등분하고, 그 시간 안에 내가 무엇을 할 것인가를 적어라. 명확하게 정해진 약속은 시간을 명시하고, 그렇지 않은 일은 그냥 적는다. 예를 들어 정해진 수업시간과 고객 약속 시간은 정확히 적고, 시간이 정해지지 않은 중요한 일들은 실천 시간을 적지 않는다. 아침, 오후, 저녁의 큰 타이틀 안에만 그냥 던져 넣기만 하면 된다. 그리고 아침, 점심, 저녁에 해야 될 목록을 보고 2시간 단위로 다시 적는다.

예를 들어 퇴근하고 집에 와서 내가 해야 될 목록을 보면 명상, 해빙일지 작성, 두피관리, 피부 관리, 감사일지 작성, 독서, 영어공부가 있다. 그럼 그 일들을 시간을 정해 재배치를 하는 것이다. 2시간 안에 다 할 수 있도록 재배치를 하는 것이다. 그러다 보면 매일매일 시간 안배가 다르다. 이느 날은 명상을 먼저 할 수도 있고, 컨디션에 따라 피부 관리를 먼저 할 수도 있다. 중요한 건 내가 적은 목록은 퇴근 후 실천을 다 하고 잔다는 사실이다.

과거에는 시간을 딱 정해서 하는 것을 선호했다. 그런데 살아보니 딱딱 시간을 맞춰서 하는 것이 어느 순간 스트레스로 다가오더라. 계획대로 해내지 못하면 의기소침해지기도 하고 말이다. 그래서 이렇게 할 일들을 오전 오후 저녁으로 배치해놓고,

그때그때 시간을 재배치해서 실천하는 방법을 사용한다.

그리고 하루의 시간 중 자투리 시간에 할 것을 1-2개 정해 놓고 무조건 자투리 시간이 생기면 그 정해 놓은 것만 한다. 예를 들어 나는 자투리 시간이 생기기만 하면 5분 명상과 독서를 한다. 무조건 자투리 시간은 생긴다. 명상은 눈뜨고 해도 된다. 그래서 항상 두 눈과 책을 가지고 다닌다. 항상.

지금은 많은 사람과의 회의도 화상으로 하고, 필요한 자료를 찾고 받는데도 많은 시간이 필요 없다. 공유도 카톡으로 가능하고 자료도 얼마든지 장소에 관계없이 손안에서 다운 받을 수 있다.

옛날에는 사람 만나러 가는 데 몇 시간이 필요하고, 자료도 꼭 대면으로 설명하고 정말 많은 시간이 필요 했다. 시대가 편리하고 아주 빠르게 시스템 적으로 바뀌었는데 우리는 왜 맨날 시간이 없을까? 시간이 없어서 죽겠다고 할까? 옛날처럼 불필요한 시간을 많이 없앴는데 왜 개인과 국가의 삶은 그만큼 더 좋아지지 않았을까?

내가 보기에 시대가 바뀐 만큼 쓸데없는 시간을 많이 보낸다. 연예인들의 생활이 왜 궁금하지? 오늘의 사건 사고가 왜 궁금하지? 허위나 가식으로 그냥 TV나 매체에 나와서 이야기하는 예능인들의 이야기를 왜 듣는 거지? TV에 나오는 연예인의 모습을 진짜로 착각하는 것은 바보 중에 바보다.

그리고 왜 책을 사기 위해 휴대폰에 접속했는데 홈쇼핑에서 옷을 사고 있는 걸까? 시스템의 구축으로 많은 물리적인 시간을 단축했지만, 다른 미디어와 IT의 발달로 우리는 정말 많은 시간을 허비하고 뺏기고 있다. 마음의 시간을 뺏기고 있는 것이 진짜 문제다.

소중한 내 마음의 시간을 내가 잘 지키자. 에디슨이 말했지. 변명 중 가장 어리석고 못난 변명이 바로 '시간이 없어서'라고. 시간을 항상 마라톤 하듯이 사용을 하자. 왜 우리는 12월에 건강검진을 받고, 과제 제출 전날 밤을 샐까? 내 인생의 중요한 것을 하는 것은 꾸준히 계속 해 나가는 마라톤 같은 시간관리가 필요하다. 내가 버린 쓸데없는 시간을 다시 주워 담는 습관은 이제 필수다. 오늘도 유튜브, SNS에 투자한 그 시간만큼 나에게 앞으로 돈이 안 들어온다고 생각하면 된다. 빨리 내가 버린 마음의 시간을 주워 담자.

6

좋은 운은
카카오 택시 콜 하듯
내가 부를 수 있다

운을 콜 하기 위해
꼭 물티슈를 휴대하라

"하늘의 운 정거장에 많은 좋은 운이 대기하고 있다. 빨리 콜
하라!"

다시 한번 말하지만 하늘에 떠다니는 운을 끌어당겨야 한다.
운은 몰래 어디서 나를 보고 있다가 훅 하고 나타나는 것이 아
니다. 내가 하늘에 떠다니는 수많은 운을 끌어당기는 어떤 행
동을 했을 때 그 운이 나한테 온다.

딸아이가 고3 봄 때의 일이다. 수능이 1년도 안 남은 시기였
는데, 딸아이에게 내색은 안 했지만 조금 걱정이 되었다. 국어는
잘하지만 수학이 조금 부족해서였다. 그 당시 킥복싱 클럽이 집
앞에 생겨 다니고 있었다. 그곳에서 같이 운동하며 만난 수학
선생님과 친해졌고 그 선생님이 딸아이의 수학 공부를 수능 전
날까지 거의 매일 무보수로 봐주었다. 덕분에 딸아이는 좋은 대
학에 갈 수 있었다. 나중에 선생님이 이런 말씀을 해주었다. "주
영이 아버님께서 나이가 많다고 저에게 함부로 대하시지 않는

모습이 너무 좋았습니다."라고.

이런 이야기를 하면 사람들은 운이 너무 좋았다고 이야기한다. 나는 선생님을 향한 진심 어린 겸손함과 예의 바른 자세를 하늘에 떠다니는 좋은 운이 보고 있다가 "앗~ 저 자리에 내가 내려가면 아주 마음이 편하겠구나."하고 내려온 거라고 생각한다. 겸손함과 예의 바름은 항상 좋은 운을 불러온다.

그럼 나쁜 운은 어떤 운일까? 사실 나쁜 운은 존재하지 않는다. 운은 좋은 운만 있다. 내가 지금 화내고 짜증내고 욕하고 하면 하늘에 떠다니는 좋은 운이 지나가다가 "아~ 저기는 내려가면 안 되겠구나. 내려가면 내가 너무 힘들겠어."하고 그냥 지나쳐 가는 것이다. 그럼 내가 화내고 욕하는 그 상황이 실제로 일어난다. 본인의 상황을 본인이 만들어 놓고 '운이 나빴다.'라고 말하는 것이다.

운이 내려올 수 있도록

겸손과 예의가 하늘의 좋은 운을 내려오게 한다면 또 하나의 강력한 방법은 청소다. 특히 화장실 청소와 내 주변 청소가 중요하다. 집이 새로 지어지면 신들이 그 집에 복을 가지고 와서 자리를 잡는다. 복을 조금 가지고 온 신들은 몸이 가볍기 때문에 제일 먼저 집에 도착해서, 좋은 자리 즉 거실 안방 등을 먼저 차지한다. 그러나 좋은 운을 너무도 많이 짊어지고 온 신은 몸이 무거워서 맨 나중에 그 집에 도착한다. 그리고 아무도 차

지하지 않은 화장실에 자리를 잡는다. 운을 제일 많이 가지고 오는 신이 거주하는 화장실 청소를 자주 하자. 그럼 화장실의 신이 가지고 온 운을 하나씩 내어 놓는다.

사람들은 좋은 행동은 안 하면서 운이 안 좋다고 말을 많이 한다. 본인이 하늘의 좋은 운을 부를 생각은 안 한다. 카카오 택시 부르듯이 하늘의 좋은 운을 내가 콜 해서 부르면 된다. 카카오 택시가 어김없이 내 앞에 도착하듯이 좋은 운도 정확히 내 앞에 도착한다.

카카오 택시 콜 할 때 도착 희망 주소를 입력한다. 마음속에 항상 겸손과 평안함을 입력하라. 희망 주소 입력 후 카카오 콜 버튼을 누른다. 콜 버튼을 누르는 것은 행동을 의미한다. 항상 겸손한 마음과 배려의 마음으로 하루하루 행동하고 기뻐하라. 콜 받은 택시가 온다. 콜 받은 행운이 온다. 오차가 없다.

화장실 청소가 힘들면 좋은 방법이 있다. 일단 물티슈를 휴대하고 다니면서 내 주변을 깨끗하게 정리를 한다. 가지고 다니는 지갑도 항상 정리하면서 물티슈로 닦아준다. 들고 다니는 가방 안도 수시로 보면서 물건들을 제자리에 잘 배치하면서 물티슈로 한번 닦아준다. 카페에 앉을 때도 자리 한번 물티슈로 닦아준다. 이렇게 주변을 항상 깨끗하게 유지한다. 그러면 저 하늘의 떠다니는 운이 "아이고, 저 자리 깨끗하고 좋네."하면서 내자리로 내려온다. 단 여기서 주의할 점은 너무 강박관념을 가지고 닦으면 안 온다. 그러면 "아이고 저 자리는 좋긴 한데 내려가면 좀 불편할 거 같아."하고 좋은 운은 절대 내려오지 않는다.

책상에 앉을 때 한 번 닦아주고, 자기 방은 항상 깨끗하게 정리하고, 아침에 내가 잔 이불은 잘 갠다. 기본적인 행위를 매일 하는 것이 중요하다. 진리는 늘 기본에 있으며, 행운도 항상 기본 위에 존재한다. 제발 지갑에 돈 구겨서 넣지 말고, 동전도 항상 동전 지갑에 넣고 다니자. 그래야 행운도 한번 내려오면 "여기는 참 있을 만하구나." 하고 계속 머문다.

항상 겸손한 자세로 예의 바르게 내 주변의 정리 정돈을 잘한다면 운이 나쁘다는 말은 평생 하지 않을 것이다. 우리 오늘도 하늘 한번 보면서 어떤 좋은 운을 내 것으로 만들까 생각해 보자. 지금 바로 책상 한번 닦아보자. 하늘의 운 정류장에 운이 기다리고 있다, 당신의 콜을.

부정적인 말은
화살이 아니라 부메랑이다

아빠의 한마디

"어릴 때 했던 '반사'라는 말을 기억하는가? 친구가 나쁜 말을 하면 바로 반사를 외쳤다. 그 나쁜 말을 안 받겠다는 의미와 그대로 다시 가지고 가란 뜻이다. 살아보니 그 '반사'는 사실이었다."

어릴 때 친구가 나에게 나쁜 말을 하면, 대꾸하기 싫고 귀찮을 때 간단히 '반사'라는 말을 했던 기억이 있다. '그 부정적인 말은 나한테 오지 않고, 다시 너한테 가는 거야!'라는 뜻이다. 살아보니 어릴 때 무심코 했던 이 행동은 사실이었다.

살면서 우리는 얼마나 많은 부정적인 말을 하고, 또 들을까? 부정적인 말은 그대로 다시 돌아와 나의 심장과 폐에 정확히 꽂힌다는 사실을 살면서 알았다. 내가 한 부정적인 말은 100% 다시 나한테 온다. '반사'하는 사람이 없어도 나한테 온다. 우주가 반사판이다.

부정적인 말은 절대 목표물에 맞지 않는 부메랑이다. 목표물에 정확히 맞는다면 그 부정적인 말은 일단 나를 떠나 나와 관계없겠지만, 절대 맞지 않는다. 그대로 다시 나한테 돌아온다. 화살이 아니라 부메랑이기 때문이다. 그래서 부정적인 말을 하면 내 가슴이 두근거리고, 내 몸이 떨린다. 부메랑을 맞은 내 몸의 반응이다.

부정적인 감정을 표출하면 부메랑처럼 돌아온다

운전을 하다 보면 상대방의 난폭운전을 경험하게 된다. 그때 유난히 화를 내고, 욕하는 사람이 있다. 혼자 차를 몰고 가다 난폭운전을 하는 상대방에게 놀라 욕설을 내뱉었다고 하자. 그 부정적인 말과 욕이 상대방에게 들릴까? 절대 안 들린다. 그 욕은 말한 본인이 듣는다. 그리고 그 말은 본인의 잠재의식 속으로 그대로 빨려 들어가서 콕 박힌다. 부메랑이니까. 결국 본인 스스로에게 욕을 한 것이다. 그리고 진짜 무서운 건 그 부정적인 말대로 이루어진다는 사실이다. "에이~ 평생 택시기사나 해라."라고 말했다면 말한 사람이 택시 기사가 될 확률이 높다. 택시기사가 아니더라도 택시기사가 버는 수준의 월수입으로 맞춰질 가능성이 아주 크다.

상대방한테 들리는 부정적인 말도 상대방이 받든 안 받든 전부 다 나한테 그대로 돌아온다. 지금 어렵고 일이 잘 안 풀린다면, 본인의 노력 정도를 점검하지 말고 평상시 쓰는 말을 아주 자세히 살펴보고 적어봐야 된다. 우리의 잠재의식은 긍정과 부정을 절대 구분하지 못한다. 그저 주인님이 생각하고 말하는 그대로를 받아들인다. "에이씨. 왜 이렇게 되는 일이 없어."라고 말하면 잠재의식은 "아 우리 주인님은 되는 일이 없는 것을 좋아하시는구나."라고 생각한다. 그래서 끊임없이 되는 일을 만들지 않는다.

요즘 경기가 안 좋아서 그런지 상대방에 대한 부정적인 말보다는 스스로 걱정하는 말을 많이 한다. 걱정하는 말도 똑같다. 걱정은 작은 컵 하나도 옮길 수 없다. 걱정이란 그 일이 일어나 달라고 간절히 기도하는 것과 같다. 걱정도 부메랑이다. 걱정하는 것은 꼭 일어난다. 성능이 아주 좋은 부메랑이다.

하면 할수록 눈덩이처럼 커지는 게 둘 있는데 하나는 걱정이고 또 다른 하나는 거짓말이다. 걱정은 걱정을 낳고 거짓말은 거짓말을 낳는다. 한번 시작하면 계속 커진다. 일본의 이큐스님이라고 우리나라 원효대사만큼 유명한 스님이셨다. 이분이 돌아가시기 전에 제자들에게 살면서 정말 힘들 때, 그러니까 조금 힘들 때 말고, 진짜 힘들 때 열어보라고 편지를 주셨다. 제자들이 살면서 정말 어려운 사찰의 문제가 생겼을 때, 그 이큐스님의 편지를 드디어 열었다 거기에는 이렇게 적혀 있었다고 한다.

"걱정하지 마라. 어떻게든 된다."

걱정하지 마라. 아니, 걱정하는 말을 하지 마라. 말 그대로 된다. 우리가 하는 말을 한번 의식적으로 생각해보자. 의식적으로 내가 하는 말을 체크하면서 말해보자. 연습하면 가능하다.

나도 과거에 "에이씨, 진짜~"라는 말을 많이 했다. 그랬더니 정말 "에이씨~ 진짜."라고 말할 일들만 생겼다. 말을 하고 내 몸이 찝찝하다면 부메랑에 맞은 것이다. 항상 내가 한 말을 복기해보자. 사실 본인이 다 안다. 어떤 말을 하고 있는지, 어떤 기분으로 말을 하고 있는지, 말을 하고 어떤 기분이 드는지 항상 체크하자. 부메랑에 맞으면 몸으로 느껴진다. 항상 부메랑을 생각하자. 부정적인 말을 무심코 했다면 '반사'하고 날려버려라. 항상 내 입에서 나오는 말에 신경 쓰자. 부정적인 말과 걱정하는 말은 나한테 100% 돌아오는 부메랑이니까.

생각하는 대로
말하는 대로

아빠의 한마디

"성당, 교회, 절에서 열심히 기도하고 나와서 무단횡단 하고 신호 위반 한다. 그리고 응답이 없다고 불평한다. 담배꽁초 아무 데나 막 버리고, 침 뱉으면서 주일에 교회 가서 기도한다. 신은 다 보고 있다. 신은 항상(ALWAYS) 모든 방식(ALL WAYS)으로 우리를 다 보고 있다."

인생의 성공원칙을 세 글자로 표현하면 꾸준함이다. 무엇을 하든 꾸준히 한번 해보자. 삶을 긍정적으로 받아들이자. 저항하지 말고 꾸준히 해보자. 저항한다는 것은 상대가 계속 존재하게 만드는 것이다. 싸움이 일어났다. 저항하면 상대방도 저항하면서 싸움이 끝나지 않는다. 마찬가지로 가난에 저항하면 가난은 계속된다. 우울에 저항하면 우울은 계속된다. 저항하지 마라. 받아들이자. 현실을 받아들이고, 지금을 받아들이자. 그리고 내가 지금 이 순간 할 수 있는 일을 꾸준히 해보자. 삶에 절대 저항하지 마라. 안 좋은 상황에 대한 저항은 계속 그 상황을 지속시킨다.

상상 그리고 말

지금 우리가 살고 있는 삶은 우리 스스로의 생각과 상상 그리고 말에 의해서 만들어진 것이다. 로마제국의 위대한 철학자 아우랠리우스는 "우리 인생은 우리의 사고로 만들어진다."라고 말했다. 애머슨은 "한 사람이 하루 종일 생각하고 있는 것, 그것이 바로 그 사람이다."라고 말했다.

아들아, 딸아, 하루 종일 무슨 생각을 하면서 살고 있지? 혹시 생각을 아예 안하고 살고 있진 않은 건지? 분명 그럴 수도 있다. 대부분의 사람들이 아무 생각 없이 사니까. 그리고 요즘은 정말 아무 생각 없이 살기에 최적화된 환경이다. 과거에는 전화 한 통 하려고 해도 전화번호를 미리 외워야 했고 전화번호가 적힌 수첩을 찾아야 했다. 지금은 아무 생각이 없어도 전화 걸 수 있다.

자동차, 아파트, 휴대폰 같은 것들은 지구 안에서 만들어진 것이다. 외계에서 안 왔으니까 원래 지구 안에 있던 것이다. 그런데 왜 과거에는 지구상에 있던 자동차, 아파트, 휴대폰 같은 것들이 나오지 않았을까? 그러한 것들을 상상한 사람이 그 시대에 단 한 명도 없었기 때문이다. 결국 누군가의 상상이 지금 이 세상을 만들었다. 내가 상상하지 않고 산다면, 누군가의 상상 속에서 내가 살아야 된다. 노예처럼 말이다. 정말 무서운 이야기다. 그만큼 잘 생각하는 것이 중요하다.

하루 종일 내가 무슨 생각을 하는지 한번 돌아보자. 유튜브, SNS, 휴대폰 속의 쓸데없는 정보만 생각하고 있는 건 아닌지? 투 머치 인포메이션에 시달리고 있는 건 아닌지? 인생 전반에 대한 생각보다, 그저 내일의 시험 걱정, 이번 주 친구와의 술 약속만 생각하고 있는 건 아닌지? 중요한 일보다는 당장 급한 일만 생각하고 있는 건 아닌지? 내가 지금 무슨 생각을 하는지 계속 돌아보자. 나의 생각을 생각하는 것이 정말 중요하다.

그럼 못 살고 힘들어하는 사람들은 그렇게 본인들이 생각과 상상을 한 걸까? 답은 "예스!"다. 본인의 생각대로 사는 것이다. 한 치의 오차도 없다. 그것이 바로 우주의 법칙이다. 사람들의 생각과 상상은 말로 표현된다. 그 말은 에너지로 진동이 있으며, 그 진동은 우주에 울림을 준다. 그래서 말이 바로 현실이 되는 것이다. 부정적인 말을 많이 하는 사람은 삶에서는 항상 부정적인 일들만 계속 일어날 거고, 욕을 많이 하는 사람은 삶에 욕을 많이 먹을 일만 생긴다.

우리는 교회나 성당 절에 가서 간절히 기도한다. 그런데 나와서는 친구들하고 욕하고, 남 험담하고, 짜증내고, 부정적인 말을 한다. 과연 저 하늘과 우주가 우리가 성당 안에 있을 때 기도한 말만 들을까? 우리가 하루 종일 하는 말과 생각과 행동을 전부 다 듣고 기록까지 한다. 혼자 중얼 거리는 말과 감탄사까지도 전부 듣고 기록한다. 모든 것을 다 듣는다. 그리고 종합

적으로 판단을 한다. 어떻게? 말한 그대로 응답한다. 돌려준다.

하루 종일 하는 말과 생각과 행동이 우리의 삶과 인생을 결정한다. 그 생각과 말과 행동은 에너지다. 에너지는 무한대로 움직인다. 우주로 가서 모든 것이 에너지의 형태로 저장된다. 저장된 에너지는 다시 나한테 그대로 돌아온다. 그래서 아무도 안 보는 이면도로나 폭이 좁은 도로(학교 앞) 횡단보도에서 무단횡단을 하면 안 된다. 무단횡단 하면서 느끼는 나만의 안 좋은 감정은 그대로 저장된다. 기분 좋게 무단횡단 하는 사람은 없다. 무단횡단의 안 좋은 감정은 계속 우주에 저장되어 쌓이다가, 어느 순간 나한테 돌아온다. 아주 다른 형태의 부정적인 에너지로 돌아온다. 성당 가서 기도하지 말고, 무단횡단 하지 마라. 스스로 무단 횡단하지 않을 때 신을 만나게 되는 것이다. 기도한다고 신을 만나는 것이 절대 아니다.

지금 친구하고 관계가 안 좋은가? 수업에 집중이 안 되는가? 업무에 집중이 안 되는가? 요즘 컨디션이 안 좋은가? 그럼 무단횡단 했는지 생각해봐라. 담배꽁초 아무데나 막 버렸는지 생각해봐라. 하루에 한숨을 몇 번 내 쉬었는지 생각해봐라. 무단횡단 하면 우울해지고, 다른 형태의 부정적인 에너지로 나한테 반드시 온다.

나는 《1퍼센트 부자의 법칙》을 쓴 사이토 히토리가 알려준 방법대로 한다. 그냥 중얼거리기만 하면 된다. "나는 행복해. 못 할 것도 없지. 나는 모든 것에 감사해. 나는 참 운이 좋아. 나는 정말 건강해."하루 종일 이렇게 소리 내어 중얼거린다. 한번 시도해보면 내 삶이 점점 활기차고 항상 좋은 일만 생기는 것을 확실하게 체험하게 된다.

오늘은 어떤 내 기록을 저장할 것인가. 저 우주에서 신은 다 보고 있다. 신은 항상(ALWAYS) 모든 방식(ALL WAYS)으로 우리를 다 보고 있다.

고요한 곳에서 독서 하는 것이 고독이다

"눈앞 20cm 앞의 휴대폰만 보다가 눈앞 20년 아주 깜깜해진다. 눈앞 20cm 앞의 책을 보면 눈앞 20년 아주 밝아진다. 고요한 곳으로 가서 독서하라. 고요한 곳으로 가서 독려하라. 고요한 곳으로 가서 고독을 즐기고 사랑하자."

고독은 쓸쓸함과 외로움이 느껴지는 단어다. 이 세상이 선으로 구성되어 항상 밝은 빛을 비추고 있지만, 인생사 살다 보면 고독한 시간은 반드시 찾아온다. 고독을 온전히 즐길 줄 아는 자가 깊이 있는 자기만의 인생을 살 수 있다. 혼자 외로움을 느끼는 것이 고독의 사전적인 의미다.

이 고독을 고요한 곳에서 홀로 하는 독서, 고요한 곳에서 스스로 하는 독려로 이해하면 좋겠다. 고요한 곳에서의 독서는 자기 성장을 가져오고, 고요한 곳에서 자기 자신을 독려하고 대화하는 것은 깊은 성찰을 가져온다. 그래서 인간은 고독해야 된다. 고독에 저항하면 안 된다. 고독은 사색과 생각을 하게 만든다. 고독은 나를 만나는 지름길이다. 내가 나를 만나는 시간은 그 어떤 시간보다 중요하다. 그러나 지금은 시대가 완전히 바뀌었다. 생각하지 않는다. 사색하지 않는다. 나를 만나지 않는다. 돌아보지 않는다. 고로 행동하지 않는다. 고독이 정말 중요한 시대가 되었다.

스마트폰을 내려두고

이전 직장에서 뇌파 관련 공부를 했다. 뇌파 측정 시 20대의 뇌파가 엄청 불균형으로 나오는 경우가 많았다. 정말 깜짝 놀랐다. 도전과 창의(상상력) 그리고 기쁨으로 가득 차 있어야 할 대한민국 20대의 뇌파가 많이 힘들어 하는 것을 보고 마음이 많이 아팠다.

아침에 일어나서 밤에 잠들기 전에 무얼 하는가? 스마트폰 보면서 꼼지락꼼지락하지 않는가? 심지어는 스마트폰 보는 모습 그대로 잠든다. 로댕이 지금 태어났으면, 그의 작품 이름은 생각하는 사람이 아니라 스마트폰 보는 사람이었을 것이다. 500년 후 2020년대의 미라가 발견된다면 그 미라의 자세는 책 보는 자세도 아니요, 잠을 자는 자세도 아닐 것이다. 바로 스마트폰을 보는 자세일 것이다. 틀림없다. 미라를 발견한 후손은 "왜 이렇게 손을 뚫어지게 보고 있는 거지? 도대체 뭘 보고 있는 거지?"하고 아주 궁금해할 것이다. 그 후손들은 스마트폰의 존재를 모르는 인류일 테니까.

혼자 사색하고 생각하고 사고하는 것이 두려운 세상이 되어가고 있다. 스마트폰이 없으면 너무 불안해한다. 인간이 스마트폰을 만들고 스마트폰이 인간을 길들인다. 인간이 스마트폰 만든 시간은 짧고, 스마트폰이 인간을 길들이는 시간은 길다.

지금 당장 고독을 즐길 방법을 실천해보자. 아침에 5분 명상(감사 명상). 저녁에 자기 전 내가 희망하는 모습이 이미 이루어진 것으로 침대에서 상상하면서 잠들기. 이것만 매일 해도 고독을 즐기는 자주적인 삶이 가능하다.

눈앞 20센티미터의 휴대폰만 보다가 눈앞 20년이 깜깜해진다. 항상 큰 그림을 그리거라. 그 그림을 항상 눈으로 보고 시각화하면서 하루하루 정성을 다해서 살아야 된다. 눈앞에 휴대폰 보면서 눈을 크게 뜨면 죽을 것이요. 눈을 감고 나의 미래를 상상(시각화)하면 살 것이다. 조금만 시각을 달리하면 지금이 성공하기 제일 쉬운 시대다. 남들이 좋아요 누르면서 사는 시간에, 책 보고 조금만 노력하면 성공한다. 옛날보다 경쟁자가 정말 많이 줄었다.

지나침을 경계하면서 살자. 지금 하루에 휴대폰 보는 시간은 지나친 것이다. 지나침은 모자람만 못하다. 자신이 먹을 수 있는 음식에 80%만 먹으면 의사가 필요 없다는 말이 있다. 자신 힘의 80%만 스윙 할 수 있으면 누구나 골프에서 싱글을 칠 수 있다. 적당한 운동과 충분한 휴식이란 말은 있어도, 충분한 운동과 적당한 휴식이란 말은 없다. 뭐든지 지나치지 말자.

오늘부터 고독을 친구로 만들자. 고요한 곳에서 독서하자. 고요한 곳에서 독려하자. 고요한 곳에서 독고다이로 나는 누구이며, 이 지구에서의 사명감은 무엇인지 생각해보자. 이게 진정한 고독이다. 진정한 고독을 즐기는 사람은 진정 외롭지 않다. 진정한 고독을 지금부터 즐기자. 책 한 권 가지고 방으로 들어가자. 당장!

마차 앞에 두는 말처럼
효를 인생이라는 마차 앞에 둬라

"세상에서 제일 쉽지만 사람들이 제일 행하지 않는 것이 효다. 세상 사람들은 마차 뒤에 말을 두고 달리면서 힘들어 죽겠다고 한다. 말을 마차 앞에 둬라. 그 마차는 인생이고 말은 바로 효다. 효를 행하는 자는 세상일에 힘들어 죽지 않는다."

《논어》에 보면 부모님께 효도하고 이웃을 공경하고 신의 있게 행동하고 어진사람과 어울리고 난 후 행유여력 즉 시간이 남으면 공부하라는 말씀이 있다. 나는 아이들이 공자의 말씀처럼 커 가기를 간절히 원했다. 그러나 대한민국의 교육이 진정한 교육이라고 할 수 있을까? 학교에 처음 입학하면 효부터 가르치는가? 인성과 공경을 진지하게 가르친 적이 있는가?

사실 진정한 공부는 공자의 말씀처럼 이런 모든 것을 다 배우고, 나중에 시간이 남을 때 하는 것이다. 진정한 인간이 된 후 시간이 남았다면 해야 하는 것이 공부이고, 참된 인간이 되지 않았다면, 공부하면 안 된다. 그래서 우리 사회에 사명감 없는 의사, 책임감 없는 판사, 정의감 없는 검사들이 그렇게도 많은가 보다.

요즘은 참인간이 되기 전에 공부부터 한다. 효를 알기 전에 공부부터 한다. 이웃에 대한 공경을 알기 전에 공부부터 한다. 과거에 나는 두 아이의 아빠로서 이 부분에 대한 생각과 고민이 많았다. 그래서 내가 직접 교육을 하기로 결심하고 어렸을 때부터 직접 자료를 만들어 같이 소통했다. 당연히 국어 영어 수학은 아니다. 공자의 말씀대로 공부하기 전 단계의 필요한 부분들에 대해 진심으로 아이들과 소통하면서 보냈다. 효를 아는 아이, 부모님 생신 때 손편지를 쓸 줄 아는 아이, 엘리베이터에 아는 이웃이 동승했을 때 층 번호를 대신 눌러주면서 인사할 줄 아는 아이가 되길 바랐다. 아빠의 진심이 통했는지 아이들은 아주 잘 성장했다.

스무 살이 넘은 아들과 딸에게

세월이 지나 두 아이는 스무 살이 넘은 어엿한 성인이 되었다. 앞으로 대한민국이라는 이 땅에서 과연 우리 아이들이 잘 살아가려면 나는 무엇을 더 해줄 수 있을까? 미래의 꿈과 희망을 잃어가고 있는 아이들을 보면서 다시 아빠로서의 내 가슴이 뛰기 시작했다. 성인이 된 아이들에게 등대가 되고 싶었다. 이것이 내가 유튜브 방송을 하게 된 계기다. 나의 진심이 담긴 이야기가 아이들이 앞으로 살아가는 데 많은 도움이 되겠다는 확신으로 시작했다. 10여 년 전에 직접 자료를 만들어 아이들과 소통했던 것처럼 유튜브라는 플랫폼을 통해 하고 싶었다. 그때나 지금이나 나의 진심은 똑같다.

내 아들과 딸에게 들려주고 싶은 이야기는 곧 대한민국의 성인이 된 모든 이에게 똑같이 전해주고 싶은 이야기다. 유튜브 첫 방송에서 했던 이야기는 효에 관한 이야기다. 어느 날 공자의 제자들이 "효란 무엇입니까?"라고 질문했다. 그러자 공자는 맹의자에게는 예를 다하는 것이 효라고 하고, 맹무백에게는 네가 건강한 것이 효라고 하고, 자유에게는 개, 돼지도 음식을 주어 기른다. 돈만 드리면 다가 아니다. 공경이 없으면 효가 아니라고 하고, 자하에게는 인상 쓰지 마라. 부모님께 인상 쓰지 않는 것이 효라고 했다.

각기 제자들에 대한 효의 가르침이 다 달랐던 것이다. 제자들이 부모님께 대하는 행동거지에 따라 맞춤형으로 효를 가르쳐준 것이다. 《논어》 2편에 나오는 이 내용을 본 순간 책을 떨어뜨렸다.

효는 우리가 아는 추상적인 개념이 아니다. 이렇게 한번 생각해보자. '나중에 잘 배우고 공부해서 대기업에 취업하고 또는 대학 교수가 되어 부모님을 기쁘게 해 드려야지.'라고 생각한다면 그건 진정한 효가 아니다. 참된 효가 아니다. 단순한 생각이고 미래의 계획일 뿐이다.

나는 공자의 말씀을 토대로 효를 이렇게 정의하고 싶다. 효는 부모님의 생각을 잘 파악하고 그 내용을 맞춤형으로 생각해 보고 진심으로 하는 작은 행동이라고 말이다. 효를 멀리서 찾지 않았으면 좋겠다. 효는 먼 미래에 할 수 있는 게 절대 아니다. 먼 미래에는 효를 실천할 부모님이 안 계실 수 있다.

공자는 싸가지 없는 제자에게는 예를 갖추는 것이, 엄마만 만나면 인상 쓰는 제자에게는 얼굴을 확 피는 것이, 운동 안하고 맨날 골골대는 제자에게는 건강이 효라고 말했다. 지금 부모님에 대한 나의 작은 태도를 올바르게 하는 것이 진정한 효의 개념이다.

예를 들어 내 아이들에게 진정한 효를 알려주겠다. 아들아이는 친구들과 어울리면서 혹시 늦으면 미리미리 연락하는 것이 효다. 딸아이는 아침에 잘 때 깨우면 인상 안 쓰는 것이 효다. 아이들 모두, 우리 가족 단톡방에 매일매일 같이 소통하는 것이 효다. 엄마 아빠가 바쁠 때 알아서 강아지 산책시키는 것이 효다. 아침에 일어나서 서로 웃으면서 인사하는 것이 효다. 저녁에 서로 만나서 고생했다고 말 한마디 건네는 것이 효다. 어렵고 힘든 일이 있을 때 가족끼리 서로 커피 한잔하는 것이 효다.

우리 효를 너무 어렵게 생각하지 말자. 거창하게도 생각하지 말자. 대단하다고도 생각하지 말자. 효는 진정 나를 알고, 부모님에 대한 나의 부족한 부분을 스스로 채우려고 노력하는 조그마한 과정이다.

7

인생 살면서
조용히 마음속으로
생각해야 되는 것들

뭐든 과한 사람은
절대 상대하지 마라

"하기 전에 설레는 거 말고, 하고 나면 기분 좋은 걸 해라. 운동처럼 만나기 전에 설레는 사람 말고, 헤어진 후에 설레는 사람을 만나라. 만나기 전에 설레는 사람은 사기꾼일 가능성이 아주 높다."

인생을 살면서 우리는 많은 사람들을 만난다. 만나는 모든 사람과의 관계가 인연이면 얼마나 좋을까. 인연만 만난다면 우리의 인생은 힘들게 전혀 없다. 그러나 세상에는 힘들게 사는 사람이 많다. 힘든 이유가 대부분 돈 때문이라고 생각한다. 그러나 자세히 들여다보면 사람 때문에 힘들어한다. "그 사람이 내 돈을 안 갚아요.", "그 사람이 나를 속였어요.", "그 사람이 내 마음을 아프게 했어요." 힘든 사람들 옆에는 힘들게 하는 사람이 존재한다.

나를 힘들게 하는 그 사람은 누구인가? 어디서 나타난 사람일까? 바로 내가 선택한 사람이다. 내가 선택한 사람이 나를 힘들게 한다. 그럼 나는 나를 힘들게 하는 사람을 왜 선택했을까? 누구나 처음에는 나를 힘들게 할 거라는 생각을 하지 못한다. 처음에는 오히려 너무 관계가 좋다. 인연이라고 생각한다. 그러나 모든 인연은 악연이라는 씨앗을 항상 품고 있다. 인연의 끝이 반드시 인연은 아니다. 악연일 가능성도 높다. 그게 인생이고 우리의 삶이다. 그래서 삶이 어려운 것이다.

악연을 피하고 싶다면

처음부터 인연과 악연을 구분할 순 없을까? 처음부터 구분할 수 있다면 삶이 조금 더 편해지지 않을까? 사람 때문에 받는 스트레스를 줄일 수 있지 않을까? 살아보니 처음부터 완벽하게 구분할 수 없다. 완벽하게 인연과 악연을 구분할 수 있다면 이 세상에 사기꾼은 존재하지 않는다. 그러나 인생을 살면서 조심해야 되는 사람의 유형은 아주 명확하다. 명확한 유형이라도 있어 참 다행이다. 이 유형의 사람들만이라도 조심한다면 사람 때문에 큰 스트레스는 안 받을 것이다.

첫째, 골프 타수를 속이는 사람과는 절대 일을 도모하지 마라. 경험상 골프 타수를 속이는 사람은 본인한테는 엄청 관대하고, 상대방에게는 아주 엄격한 잣대를 들이대는 사람이다. 프로 경기에서 타수를 속이는 건 엄격한 실격의 사유지만, 살면서 관계로 치는 골프에서는 타수를 속이는 사람이 의외로 많다.

캐디가 조금 바빠서 본인의 점수를 실제보다 좋게 적었을 때 바로잡지 않는 사람과도 절대 같이 일을 하지 마라. 경험해 보니 그런 부류의 사람은 책임을 절대 지지 않으며, 남에게 전가한다. 배려해주는 척하면서 본인은 절대 손해를 보지 않는 유형이다. 골프를 쳐보면 사람을 알 수 있다. 사람 알고 싶어서 골프를 친다면 다른 거 보지 말고, 점수 적는 것만 보면 바로 알 수 있다. 명심했으면 좋겠다.

둘째, 다크서클 있는 사람과는 가급적이면 비즈니스를 피해라. 물론 선천적인 다크서클은 예외다. 일단 다크서클이 있는 사람은 자기관리가 안되는 경우가 90% 이상이다. 골초일 확률이 높다. 골초라면 체력이 떨어질 확률이 높고, 체력이 떨어지면 정신이 올바르게 작동할 가능성이 적다. 왜 다크서클이 내려오겠는가? 힘들고 지치니까 내려오는 것이다. 계속 힘들고 지치면 다크서클도 없어지지 않는다. 힘들고 지친 사람과 무엇을 같이 하겠는가?

비즈니스는 상대방의 얼굴부터 보고 시작해야 된다. 절대 비즈니스의 내용을 보고 시작하면 안 된다. 아무리 비즈니스가 좋아도 전부다 사람이 하는 것이다. 100% 사람이 하는 것이다. 모든 것은 사람이 문제다. 사람의 얼굴을 보거라. 밝은 빛이 감도는 맑은 얼굴의 소유자와 거래하라. 다크서클이 내려오고 얼굴빛이 어두운 사람과는 거래하지 마라.

셋째, 뭐든지 과한 사람을 조심하자. 음식을 과하게 먹는 사람, 돈을 빌려간 후 이자를 과하게 주는 사람, 말을 과하게 하는 사람, 말이 과하게 많은 사람, 말소리가 과하게 작은 사람, 종교를 과하게 믿는 사람……. 뭐든 과한 사람은 조심하자.

특히 돈을 빌려간 후 과하게 이자를 주겠다는 사람, 투자 이율을 아주 높게 제시하는 사람을 더 조심하자. 뭐든 과한 사람은 반드시 탈이 난다. 당장 탈이 안 나면, 나중에 엄청 크게 탈이 난다. 말소리가 과하게 작은 사람은 배려가 없을 확률이 크다. 남이 잘 들도록 조금 크게 말해주는 배려가 없는 사람이다. 절대 동업하지 마라. 항상 과한 사람을 조심하자.

넷째, 만나면 내 기운이 빠지는 사람은 과감히 손절하자. 운동은 하기 전에는 힘들어도 운동 후 샤워할 때는 기분이 너무 좋다. 초콜릿은 먹을 때는 좋아도 나중에 찌는 살에 대한 책임 때문에 먹은 후의 기분은 안 좋다. 뭐든지 하고 난 후 기분 좋은 것을 해야 된다. 사람의 관계도 만나기 전에 설레는 사람보다 헤어지고 나서 자꾸 생각나는 사람을 만나야 된다. 만나기 전에는 설레었더라도, 만날 때 기운 빠지고, 만난 후에도 기운이 또 빠진다면 과감히 손절하라. 사람 때문에 힘이 안 들 순 없다. 그러나 힘들게 하는 사람 구분할 순 있다.

거짓말도 무지개처럼
색깔로 구분하라

"본인의 거짓말은 하늘이 안다. 상대방의 거짓말은 색깔이 반
드시 있다. 그 색깔을 구분할 줄 아는 지혜가 필요하다. 빨간
색과 검은색은 무조건 조심하라. 색깔 구분 못 하면 인생 힘
들어진다."

세상을 살면서 정말 하면 안 되는 것이 거짓말이다. 대학교 2학
년 2학기를 마친 1988년 겨울. R.O.T.C(학군사관후보생)에 최종 합
격하고 입단 전에 마지막 겨울방학을 보내고 있었다. ROTC 학
군단에서 잠깐 나와 달라는 전화 한 통을 받았다. 아직 공식적
으로 입단 전이라 의아해하며 학군단으로 갔다.

그 당시엔 컴퓨터가 아예 없어서 자필로 입단 원서와 자기
소개서를 썼는데, 내가 글씨를 제일 잘 썼다면서 자료 만드는
걸 도와 달라는 소령님의 요청을 받았다. 아직 입단 전인데 일
을 시키는 것에 약간의 불만을 품은 채로 작업을 시작했다. 그
런데 교안 만드는 작업은 밤까지 이어졌다. 한 작업이 끝나면

또 다른 작업 거리를 주고 또 주었다. 결국 몇 시간을 일한 후 거짓말로 그 상황을 모면했다. 갑자기 집에 일이 생겼다는 거짓말을 했다. 거짓말을 하고 나오는데 뒤통수에서 '나는 너의 거짓말을 알고 있다.'라는 훈육관의 시선이 너무 강렬해서 지금도 잊을 수가 없다.

　이듬해 ROTC 후보생 입단식. 문을 열고 들어오는 담당 훈육관을 보고 움직일 수가 없었다. 전해에 일을 준 그분이었다. 나는 아주 우수한 성적으로 학군단에 입단했으나, 졸업할 때는 아주 우스운 성적으로 학군단을 졸업했다. 불이익을 받아서는 아니다. 나 스스로 멍에에 얽매여 말할 수 없는 고통을 느꼈다. 그 훈육관을 볼 때마다 2학년 겨울 방학 때 상황을 모면하고자 했던 거짓말이 계속 생각났기 때문이다. 그 사건 이후로 거짓말을 하지 않으려고 의식적으로 노력을 많이 한다. 거짓말의 대가가 엄청 큰 고통이란 사실을 너무도 크게 경험했기 때문이다. 거짓말을 한 대가는 언젠가 반드시 받는다. 반드시.

거짓말의 색깔

첫 번째 거짓말의 유형은 자신의 이익을 위해서 남을 속이는 거짓말이다. 과장 광고, 과대 선전, 자신의 역량과 회사를 부풀려 받는 투자유치 등 이런 거짓말은 색깔이 빨간색이다. 그래서 새빨간 거짓말이라고 한다. 이 빨간색의 거짓말은 내가 하면 사기꾼이 되고, 내가 색깔을 구분하지 못하면 사기를 당하게 되는 아주 살면서 조심해야 되는 거짓말의 색깔이다.

두 번째 거짓말의 유형은 다른 것을 감추기 위해 하는 거짓말이다. 내가 ROTC 후보생 겨울방학때 했던 거짓말처럼. 다른 것을 덮기 위해서는, 검은색이어야 한다. 그래서 이 거짓말은 새까만 거짓말이라고 한다. 이 새까만 거짓말은 하는 순간부터 나를 괴롭힌다는 사실을 기억하자.

세 번째 거짓말의 유형은 선한 의도의 거짓말이다. 예를 들어 "사업 잘되니?"라고 묻는 어머니에게, 사실 사업이 어렵지만 "네. 잘되고 있습니다."라고 대답하는 경우이다. "네. 어머니, 지금 너무 힘들어 죽겠습니다."라고는 절대 말 안 한다. 솔직하게 말했을 때 상대방이 느낄 아픔이, 거짓말을 했을 때 느끼는 나의 아픔보다 훨씬 클 것임을 알아서 하는 거짓말이다. 이런 거짓말의 색깔은 하얀색이다.

네 번째 거짓말의 유형은 상대방의 체면과 자존감을 세워주기 위해 하는 거짓말이다. 다이어트를 하려고 하는 동료에게 "네가 뺄 살이 어디 있어."라고 말하는 경우이다. 이런 거짓말의 색깔은 분홍색이다.

사실 살면서 위에서 이야기한 거짓말의 색깔 중 빨간색과 검은색은 절대 하면 안 된다. 그리고 더 나아가서는 상대방이 하는 거짓말의 색깔도 잘 구별하고 느낄 줄 아는 지혜가 필요하다. 그래야 인생 안 피곤해진다.

내 경험상 진정한 사기꾼은 위의 색깔 4개를 적절히 잘 사용한다. 그래서 사기 당하기가 쉽고, 사기인지 아닌지 구분이 힘들다. 하얀색과 분홍색의 거짓말도 나쁘진 않으나 적정한 선을 지키는 것이 중요하다. 마음과 몸이 너무 아픈데 안 아프다고 하는 것은 순수한 하얀색의 거짓말이 아닌, 퇴색된 회색의 거짓말이다. 진심 없는 분홍색의 거짓말도 잘못하면 상대방으로 하여금 진심이 없는 사람이라는 인상을 줄 수 있다.

소수와 다수를 잠깐 속일 수 있어도, 계속 속일 수는 없다. 그게 거짓말의 속성이다. 거짓말의 대가는 반드시 본인이 언젠가는 받는다. 거짓말을 하면 하늘은 당연히 알고, 나 자신도 바로 안다. 노자 《도덕경》 73장에 보면 이런 말이 나온다. 하늘의 그물은 너무도 넓고 넓어서 엉성한 거 같지만 절대 놓치는 일이 없다. 거짓말을 하는 순간 하늘이 안다. 무섭다. 하늘을 너무 무시하면 그 대가는 언젠가 받는다.

셀프 포기, 셀프 퇴장 할 시간 있으면 셀프 세차나 해라

아빠의 한마디

"딱 한 삽만 더 뜨면 금광이다. 셀프 포기 하지 마라. 그냥 외쳐라. One More Time!"

스마트폰 필수 시대다. 그런데 종일 스마트폰을 들여다보는 사람이 많은 것 같다. 스마트폰 보는 것이 무조건 나쁘다는 말은 아니다. 시간 때우기로 아무 생각 없이 보는 것을 말한다. 실제로 지인 중에 유튜브로 공부해서 공인중개사 자격증을 딴 사람도 있다. 나도 명상할 때 유튜브 영상을 재생해놓고 한다. 유용한 기능을 좋은 방향으로만 사용하면 문제없다. 그런데 그렇게하기가 힘들다. 유튜브 쇼츠를 45분간 쉬지 않고 보고 스스로 놀란 적도 있으니 말이다.

초심과 행동의 중요성

행동의 사전적인 의미는 '몸을 움직여 동작을 하거나 어떤 일을함'이다. 몸을 움직이지 않고 생각만 하면서 행동하고 있다고 착각하면 안 된다. 세상 사람들은 일단 행동하라는 말을 많이 한다. 내 경험상 행동하기 전에 먼저 선택을 해야 된다. 그 선택은 둘 아님 셋 중에 선택을 하는 개념일 수도 있고, 어떤 결단의 개념일 수도 있다.

행동도 중요하지만 그 전 단계의 신중한 선택이 더 중요하다. 계속 그 행동을 선택한 취지, 목적, 이유를 생각하는 것이 유지하는 힘이다. 이것이 바로 초심이다. 초심이야말로 행동을 계속할 수 있는 원동력이자 엔진이다.

우리 네 식구가 행동하기로 하고 유지하는 것이 있다. 매월 호텔에서 가족 식사를 하는 것이다. 성공한 기운을 가장 잘 느낄 수 있고, 한 달 동안 고생한 서로를 북돋우는 의미로 호텔에서 다 함께 식사한다. 여기서의 행동의 프로세스를 살펴보자. 우리 가족은 제일 먼저 '성공의 기운을 느끼자!'라고 의견을 모으고 '호텔에서 가족 식사를 하자.'라는 선택을 내리고 바로 행동을 했다. 만약 선택만 하고 행동을 안 했다면 아무 의미가 없다.

그럼 지금처럼 그 행동을 계속 유지할 수 있으려면 무엇이 필요할까? 처음 결단을 내렸을 때의 취지, 즉 초심을 계속 생각하며 행동하는 것이 포인트다. 호텔 로비도 자세히 보고, 앉아서 비즈니스 하는 사람들의 기운도 느끼고, 호텔 너머 멀리 하늘도 한번 보고, 그러면서 성공의 기운을 느껴본다. 이게 이 행동의 '초심'이자 엔진이다. 초심을 잊으면 점차 맛집 가는 개념으로 바뀌고 계산한 영수증을 보면서 한숨 쉬고 어느새 흐지

부지될 것이다. 어떤 일이든 행동하는 것이 중요하다. 그러나 그 행동을 하도록 만든 초심의 마음을 잃지 않는 것이 훨씬 더 중요하다. 초심을 잃는다면 행동을 계속 유지할 수 없다.

노자의 《도덕경》 64장에 보면 사람이 일을 하면 언제나 거의 성공할 즈음에 실패한다고 한다. 행동을 계속 끝까지 밀고 나가게 하는 힘이 중요하다고 말한다. 과거를 돌아보면 성공했던 행동에는 반드시 행동 전의 철저한 시장조사, 그 분야 전문가들과의 의견 교류, 충분한 정보 수집을 했다. 그리고 한 행동은 일단 지치지 않고, 믿음이 굳건했다. 행동하면서 계속 배우는 재미를 느꼈다. 계속 행동할 수 있었다. 무엇보다도 초심을 계속 생각했다.

반면 과거에 실패했던 행동에는 근시안적인 관점의 선택을 많이 했다. 조금은 내려놓고 멀리 볼 줄 아는 혜안이 부족했다. 스스로에 대한 너무 과한 자신감으로 초심을 잃었다. 좋은 일이 반드시 좋은 일이 아니고, 지금 안 좋은 일이 반드시 안 좋은 일이 아니다.

살면서 중요한 결정을 할 때 의식적으로 하는 거 같지만 무의식의 도움을 절대적으로 받아야 된다. 그런데 평상시 무의식적으로 잘못된 선택을 계속한다면, 정작 중요한 의사 결정을 할 때 무의식의 도움을 받을 수 없다. 누가 안 본다고 사소한 결정을 아무렇게나 막 하는 사람이 중요한 결정을 잘 할 수 있을까? 절대 그럴 수 없다. 의식과 무의식이 다 연결이 되어 있기 때문이다. 무의식은 다 안다.

《도덕경》64장에 또 이런 글이 있다. "억지로 하는 자 실패하기 마련이고, 집착하는 자 잃을 수밖에 없습니다. 따라서 성인은 하지 않음으로 실패하는 일이 없고, 집착하지 않음으로 잃는 일이 없습니다."

우리가 어떤 행동을 억지로 한다면 그건 이미 실패한 일이다. 또 집착하면서 어떤 행동을 한다면 다 잃을 수도 있다. 우리 억지로 할 바엔 그냥 성인처럼 깔끔하게 하지 말자. 행동하기 전에 너무 신중할 필요는 없다. 너무 신중하고 계속 고민할 바에는 차라리 행동하면서 깨지고 터지고 느끼는 것이 더 낫다.

행동하면 반드시 사람과 환경이 바뀌게 되어 있다. 여기서 행동은 준비한다는 의미이고, 사람과 환경이 바뀐다는 말은 기회가 온다는 말이다. 준비하는 사람한테는 기회가 반드시 온다. 여기서 준비는 바로 행동이다.

선택을 잘하고 행동하라. 그리고 행동했으면 초심을 계속 생각하면서 유지해라. 계속 초심을 생각해라. 절대 셀프 퇴장, 셀프 포기 하지 마라. 주변 사람들의 말에 너무 신경 쓰지 말고 앞으로 나가라. 스스로 포기만 안 하면 된다. 딱 한 삽만 더 뜨면 바로 금광이다. 그런데 대부분의 사람은 그 마지막 한 삽을 뜨지 않고 셀프 포기해버린다. 셀프 포기 생각이 들면 한번 외쳐라. One More Time! 그리고 셀프 세차하러 가라. 세차하고 나면 셀프 포기는 사라진다.

심심하면
일찍 죽는다

> ## 아빠의 한마디
>
> "영어로 'stressed(스트레스를 받는)'의 철자를 거꾸로 하면
> 'dessert(디저트)'다. 맛있는 디저트 먹으면서 스트레스의 상황
> 과 해결책 그리고 교훈을 종이 한 장에 적어보자."

나는 혈압이 좀 높다. 병원에서는 스트레스 그만 받으라고 한
다. 내려놓으라고 한다. 혈압을 높게 만드는 스트레스는 무엇일
까? 그리고 도대체 무엇을 자꾸 내려놓으란 말인가? 스트레스
라는 놈은 무엇이고, 현명하게 스트레스에 대처하는 방법을 같
이 이야기 해볼까 한다.

　스트레스의 어원은 '팽팽히 조인다'라는 뜻의 라틴어
'stinger(스팅어)'이다. 원래는 공학적인 의미였는데, 조이는 상태
가 인간의 몸에 안 좋은 질병의 형태 즉 우울증, 조울증 등을
동반하면서 의학용어가 되었다. 쉽게 이야기하면 스트레스 받으
면 내 몸의 세포가 쪼그라든다. 내 몸의 혈관이 쪼그라들면 흐
르는 피가 막힌다. 나는 트리플 A형이라 스트레스에 민감하고

예민하다. 그래서 항상 스트레스 관리하는 방법을 스스로 생각한다. 나만의 스트레스 관리 방법을 한두 개 가지고 있으면 정신 건강에 좋다.

우리나라 사람들이 제일 많이 사용하는 영어 단어가 스트레스다. 유난히 우리나라 사람들이 스트레스를 많이 받는다. 남과 비교하기 좋아한다. 빨리빨리 문화 속에 우리나라 사람들은 스트레스 속에 살고 있다. 스트레스와 함께 하루를 보낸다. 항상 스트레스라는 말을 달고 산다.

2016년 봄, 이탈리아에 방문했을 때였다. 선물 사려고 길게 줄을 서고 한참을 기다려 내 차례가 되었다. 그런데 주문 받는 사람이 갑자기 점심 먹으러 가야 된다고 그냥 나가버렸다. 어떤 설명도 없이. 그냥 나갔다. 도저히 우리나라 상식에서는 이해가 안 되었다. 헛웃음만 나왔다. 그런데 내 뒤로 줄 서 있던 이탈리아인 중에 화를 내는 사람은 아무도 없었다. 스트레스를 받지 않는 그들의 모습이 아주 인상적이었다. 본인들은 안 받고 남한테 주는 건가?

좋은 스트레스와 나쁜 스트레스

과연 이 스트레스라는 넘이 정말 몸에 안 좋은 역할만 할까? 스트레스는 좋은 스트레스와 나쁜 스트레스로 나눌 수 있다. 스트레스가 정말 하나도 없다면 그 삶이 행복하기만 할까? 스트레스의 긍정적인 측면은 반드시 존재하고 엄청 중요하다.

내일이 중요한 시험인데 약간의 긴장감도 없이 헬렐레 하고 있다면, 내일이 중요한 면접인데 스트레스 안 받고 그냥 편안하게 아무 생각 없이 있다면 좋은 결과를 얻을 수 있을까? 애초에 수렵생활을 하던 선조들은 맹수에 맞서고 용감하게 싸워 먹거리를 준비했다. 그런데 만약 맹수를 보고도 스트레스를 받지 않았다면 어떻게 됐을까? 즉 피가 빨리 돌면서 몸 전체의 긴장감으로 상황을 대처하지 않았다면, 지금 이 세상은 없겠지.

어떻게 보면 스트레스가 우리 인류를 지금까지 존재하게 한 원동력이다. 천 억이 있으면 행복하고 스트레스가 없는 삶을 살수가 있을까? 그럼 재벌들은 왜 100세 시대인데 70대에 죽을까? 실제 미국의 베버리 힐즈에 사는 부자들의 평균 수명이 그리 높지 않다는 사실은 무엇을 의미하는 걸까?

스트레스가 전혀 없다면 사람은 심심해서 일찍 죽는다. '심심해 죽겠네.'라는 말은 빈말이 아니고, 심심함이 지속되면 사람은 일찍 죽는다.

나쁜 스트레스는 그 스트레스로 인해 내가 어떤 병에 걸리거나, 일상생활의 루틴이 깨지는 상태가 된다. 한번 생각해보자. 어떤 스트레스는 성장과 생존의 동력이 되고, 어떤 스트레스는 우울증과 극단적인 선택을 유도한다면 그 스트레스가 나한테 올 때부터 정해져서 오는 것일까? 셀 수도 없이 많은 스트레스가 그렇게 처음부터 구분되어져서 오는 것일까? 말도 안 된다. 결론은 스트레스를 받는 우리 스스로의 해석이 그렇게 만든 것이다. 내가 만든 것이다.

스트레스를 확실히 줄이는 방법을 공유해본다. 스트레스라고 느끼게 되면 제일 먼저 할 일은 "왔구나 왔어~ 스트레스가 왔어."라고 인정하고 이렇게 생각해보자. "일어날 일은 반드시 일어난다. 세상에 우연은 절대 없다."라고 말이다.

그리고 A4용지 한 장을 꺼낸다. 펜을 들고 현재의 스트레스 상황을 정리한다. 지금 나에게 스트레스 주는 일(상황)을 적는다. 그 일이 앞으로 일어났을 때의 최악의 상황을 적는다. 그리고 그 최악의 상황에서의 해결책을 적는다. 반드시 적어야 된다. 컴퓨터로 워드 하지 말고 손 글씨로 적어라. 적어보면 알 것이다. 아무리 힘든 일의 최악의 상황도 나의 목숨보다 중요하지 않다는 사실을.

마지막으로 이번일이 나에게 주는 교훈은 무엇일까라고 진진하게 생각하고 적는다. 이 단계가 제일 중요하다. 이번 스트레스에서 교훈을 얻지 못한다면 그 스트레스는 반드시 반복된다. 나도 한번 당한 사기에서 교훈을 얻지 못하고 2년 뒤 또 사기를 당한 경험이 있다.

이렇게 정리를 하고 나면 나를 괴롭힌 스트레스는 객관화되어서 나에게 다가온다. 아무리 안 좋은 스트레스도 내가 한 단계 성장할 수 있는 밑거름이 되는 좋은 스트레스로 바뀐다. 예를 들어 적용해보자. 누구한테 돈을 못 받고, 빌려간 사람이 차일피일 미루면서 스트레스를 주고 있다면, 일단 스트레스의 상황을 인정하자. 누구의 탓도 아닌 일이 그냥 일어났다고 생각하자. A4용지에 최악의 상황(돈을 못 받음)을 적는다. 돈을 못 받는다 이다. 해결책은 무엇일까? 법정 소송을 하거나 매일매일 찾아가는 등 여러 방법이 있다. 그리고 여기서 얻는 교훈은 돈을 함부로 빌려주지 말자, 계약서를 확실히 쓰자, 높은 이자는 전부 사기와 같은 교훈을 얻을 수 있다. 그리고 '이 돈이 나의 건강과 나의 삶, 목숨과 바꿀 수 있을까?'라고 진지하게 생각해본다.

이렇게 적으면서 정리 한번 하고 나면 스트레스가 한결 적어진다. 일단 종이 한 장에 적어라. 적으면 마음이 차분해진다. 적는 게 제일 중요하다. 영어로 'stressed(스트레스를 받는)'의 철자를 거꾸로 하면 'dessert(디저트)'다. 맛있는 디저트 먹으면서 이 스트레스의 상황과 해결책 그리고 교훈을 종이 한 장에 적어보자.

신은 해결책 없이
역경과 고난만 주지는 않는다

아빠의 한마디

"지금 많이 힘든가? 13년 동안 배신과 학대, 종살이, 옥살이, 사랑하는 부모님과의 억지 이별을 겪은 요셉보다 힘든가? 홀륭한 지도자로 성장시키기 위한 하느님의 준비였음을 기억하라."

우리 가족은 서로 각자의 위치에서 하루하루 정성을 다해 열심히 살고 있다. 그러나 우리 인간사. 항상 좋은 일, 기쁜 일만 있을 수는 없다. 역경 고난이 함께한다. 스트레스, 역경, 고난이 없는 마을을 안다. 주소가 용인이다. 상세주소는 처인구 양지면 추계리 산 124번지. 바로 추계리 공동묘지다. 죽은 사람만이 역경과 고난이 없다.

역경과 고난에 대한 이야기
맹자는 이렇게 말씀하셨다. 하늘이 장차 앞으로 큰 임무를 어떤 사람에게 맡기려 할 때는 반드시 먼저 그의 마음을 괴롭게 하고, 그의 근골을 힘들게 하며, 그의 몸을 굶주리게 하고, 곤궁하게 하며 어떤 일을 행함에 그가 하는 바를 뜻대로 되지 않게 어지럽힌다. 이것은 그의 마음을 분발하게 하고, 성질을 참을성 있게 하여, 그가 할 수 없었던 일을 해낼 수 있게 도와주기 위한 것이다.

"지금 많이 힘든가? 다 신의 뜻이다. 절대 좌절하지 마라."라고 하면 될 것을 참 친절하게도 설명하셨다. 인간 입장에서는 역경과 고난이 엄청나게 큰 부담으로 작용하고 때론 죽고 싶은 고통으로 느껴진다. 그러나 하느님께서는 이런 고난과 역경을 인간의 삶속에서 선용하신다는 사실을 반드시 기억해야 된다. 악용이 아니고 선용이다.

우리는 바로 앞을 알 수 없고, 내일을 예측할 수도 없다. 암 걸린 친구 병문안 가서 위로하고 나오다가 교통사고로 먼저 죽은 사람처럼 우리는 한 치 앞을 내다볼 수 없는 인간이다. 결국 미래는 믿음의 영역이다. 과거는 사실이고, 현재는 진실이다. 그런 믿음의 영역인 미래를 굳이 부정적인 믿음의 영역으로 만들 필요는 없다.

똑같은 어려움과 고통을 겪더라도 어떤 사람은 '미래에 더욱 더 나를 크게 쓰시려고 지금 단단하게 연마를 하고 계시는 구나.'라고 생각하는 사람이 있다. 반면에 지금의 어려움이 계속될 거라는 부정적인 믿음으로 자기 자신을 스스로의 감옥에 가두는 사람도 많다.

우울과 스트레스로 극단적인 선택을 하는 사람이 많다. 극단적인 선택은 지금의 현실을 회피하고자 하는 심리가 강하고 모든 것을 포기하는 형태의 선택이다. 그러나 회피와 포기라는 단어와는 실제로는 거리가 멀다. 죽어서도 회피와 포기가 안 된다.

우리의 삶은 단추가 있는 옷을 입고 있는 것이다. 그 단추 하나하나의 의미가 고통과 번뇌 그리고 인간사의 안 좋은 업이다. 열심히 정성과 최선을 다해 살다가 죽으면 그 옷의 단추가 다 풀어져서 죽는다. 즉 홀가분한 자유의 상태가 된다. 기분 좋은 상태에서 죽는다. 그런데 극단적인 선택을 하는 사람들은 그때까지 풀어진 단추들도 다시 잠기면서 생을 마감한다. 잠긴 단추는 죽어서도 절대 풀리지 않는다. 즉 고통과 번뇌의 상태로 계속 있는 것이다.

역경과 고난이 전혀 없는 삶을 살 수는 절대 없다. 살면서 역경과 고난이 왔을 때 항상 '아~ 하늘이 나를 더욱 더 크게 쓰시려고 하시는구나.'라고 생각하면서 기쁜 마음으로 이겨내자. 수많은 역경과 고난을 경험해보니 기쁜 마음으로 이겨내기가 쉽지는 않다. 그러나 너무 좌절하거나 힘들어 하거나 괴로워하지 마라. 아무리 힘들고 어려운 일이 생겨도 반드시 헤쳐 나갈 길은 반드시 존재한다. 하느님께서는 절대 해결책의 길이 없는 역경과 고난은 주지 않으신다.

성경 창세기에 나와있는 요셉을 보자. 요셉은 아버지 야곱에게 총애를 받으며 자랐다. 요셉이 장차 지도자가 될 거란 꿈.

즉 해와 달, 별이 일제히 요셉에게 절을 하는 꿈을 형들에게 이야기했다. 시기심에 사로잡힌 형들이 요셉을 죽이려고 했다. 결국 은화 20냥을 받고 노예로 팔았다. 애굽 왕 바로의 신하인 보디발의 집에서도 보디발 아내의 유혹에 절대 넘어가지 않자, 성폭행 누명을 쓰고 감옥에 투옥되었다. 감옥에서 친구들의 꿈을 해석해주던 요셉은 먼저 나가서 구해주겠다던 바로 왕의 술 관원이 약속을 잊자, 고통스러운 2년의 감옥 생활을 더했다. 그 후 바로 왕의 꿈을 잘 해석해주었고, 지금으로 보면 국무총리에 올라 나라를 통치하는 진정한 지도자가 되었다.

13년 동안 배신과 학대, 종살이, 옥살이, 사랑하는 부모님과의 억지 이별 등등을 겪은 요셉의 삶. 이 요셉보다 더 힘든 삶을 살 수 있을까? 그러나 요셉은 30세의 나이에 전 세계에서 두 번째로 영향력 있는 사람이 되었다.

지금 고난을 겪고 있다면, 하느님께서 요셉 소명을 내리셨다고 생각하면 된다. 현대판 요셉이라고 생각해라. 취업이 안 돼서 너무 힘들다는 고난과 역경이 있다면, 한번 이렇게 생각해보자. 나를 조금 더 겸손하게 만들고, 조금 더 공부하게 만들어서 더 나은 곳으로 취업을 시키시려는 신의 의도일 수 있다고 말이다. 그렇게 생각하면 나의 부족한 부분을 자꾸 채우려고 노력을 자연스럽게 하게 된다. 계속 세상 탓, 사회 탓, 남의 탓만 하면서 하느님의 요셉소명 의도를 계속 파악하지 못하면, 내가 빠진 요셉 구덩이에서 계속 나올 수가 없다.

요셉이 지킨 4가지의 마음을 명심하자. 자신을 죽이려고 했던 형제들에게 악감정을 가지지 않은 용서의 마음. 보디발의 아내에 결국은 넘어가지 않은 성실의 마음. 억울한 옥살이에서도 끝까지 견뎌낸 인내와 끈기의 마음. 권력자의 자리에서도 성공에 도취되지 않고 열심히 정사를 돌본 성공의 마음. 역경과 고난 속에서도 하느님의 믿음을 지킨 믿음의 마음.

요셉의 용서, 성실, 인내, 성공, 믿음의 마음을 기억하자. 과거를 생각해보면 돈을 한없이 좇을 때 신이 주신 실패는 돈에 대한 조급함을 일깨워주었다. 모든 것을 다 잃은 실패는 가족의 소중함을 느끼게 해주었다. 사람들의 배신은 아무도 믿지 말라는 교훈과 함께 내면의 소리에 더 귀 기울이라는 교훈을 주었다. 요셉 소명을 꼭 기억하자. 하느님 앞에 누구나 다 요셉이다. 예외는 없다.

8

웃으면 복이 와요,
행하면 복 들어와요

죽을 때까지 먹어야 되는 것은
쌀밥이 아니라 책밥이다

"골프 싱글 치는 사람이 더 열심히 연습한다. 피부도 좋은 사람이 더 관리를 많이 한다. 다이어트도 날씬한 사람이 더 열심히 운동한다. 바쁜 사람이 시간을 더 잘게 쪼개서 잘 쓴다. 자꾸 없다고 하지 말고 일단 행동해라."

책을 꾸준히 읽는 습관이 아주 중요하다. 우리가 살면서 하루에 최소한 밥 한 끼는 먹지. 책도 하루에 한 페이지라도 읽어야 된다. 아니, 책 한 페이지라도 먹어야 된다. 그냥 밥이라고 생각하면 된다. 책은 밥이다. 오늘도 책 밥을 먹자. 육체에는 쌀밥, 정신에는 책 밥을 준다고 생각하고 읽자. 한 페이지라도 매일매일 밥 먹는 마음으로 읽어보자.

베르나르 베르베르의 《심판》

책 한 권을 소개한다. 베르나르 베르베르의 《심판》이다. 이생에서 판사를 지낸 아나톨이라는 사람이 폐암으로 수술을 받다가 거의 사망 직전에 천국에 가서 피고인으로 재판을 받는데, 삶형을 받을 것이냐, 아님 천국에 남을 것이냐를 재판장과 검사, 변호사가 심판하는 이야기다.

삶형이란 천국에서는 유죄로 판단되면 다시 환생하여 삶을 사는 형이다. 자신의 죽음을 믿지 않는 아나톨 주인공과 그의 변호사와의 대화 내용을 먼저 보자.

변호사가 나는 당신의 변호사 겸 평생 당신 곁을 시킨 수호천사라고 말한다. 그때 아나톨이 빈정댄다. "당신이 무슨 수호천사냐? 말도 안된다. 로또 당첨기도, 카지노 게임에서 돈 따기, 이쁜 여자 꼬시기 등등의 기도를 들어줬냐?"라면서 따진다. 수호천사인 변호사는 잘 생각해보라고 말한다. 말도 안 되는 실수 직전에 직관이나 예지몽 또는 징표 같은 것으로 그것을 막아준 경험을 생각해보라고 한다.

아나톨이 곰곰히 생각해보니 낙하산 사고 때 나무에 걸린 일, 대학 입학 시험 때 유독 아는 문제가 많이 나온 일, 요트 사고 때 그 먼 곳까지 갑자기 구조대가 온일 등이 생각난다. 수호천사(변호사)는 이런 말을 한다. 행운은 우리가 보이지 않는 곳에서 하는 일에 무지한 자들이 붙이는 이름이라고. 나도 사실 이 수호천사의 존재를 믿는 사람이다.

예를 들어 주차장에 차 키를 안 가지고 가서 다시 집으로 올라가야 될 때 나는 다 수호천사의 뜻이라고 생각한다. 지금 가면 도로에서 사고가 날 수 있으니 잠시 시간을 주는 것이라고 생각한다. 이렇게 생각하면 스스로 화낼 일이 정말 많이 없어진다. 길을 잘못 들었을 때도 똑같이 생각한다, 다 수호천사가 하는 일이며, 사고를 막아주려는 의미 있는 일이라고 생각하면 마음이 많이 편해진다.

다음 이야기는 천국의 스크린으로 아나톨이 자신의 시신이 화장당하는 모습을 본다. 병원 직원이 자신의 반지를 빼려고 하는 모습을 보면서 반지를 훔치는 줄 알고, 본인이 죽었음에도 불구하고 분개한다. 수호천사는 "행복을 위해 반드시 필요한 물건 같은 건 없다."라고 말한다.

행복은 물질적인 영역이 아니다. 행복을 느끼기 위한 전 단계는 감사의 마음이다. 이 감사의 단계가 없으면 진심의 행복을 느낄 수 없다. TV 〈생로병사의 비밀〉이나 재활병동을 다룬 다큐 프로그램을 보면 그냥 지금 걷고 말하는 것이 감사한 일이다. 일상이 감사다.

2막에서는 아나톨 생애의 대차 대조표, 즉 잘한 일과 못한 일의 목록을 바탕으로 본격적인 심판을 받는다. 재판장이 이런 말을 한다. 삶에는 유전 25%, 카르마 25%, 자유의지 50%가 재료로 들어간다고 한다. 자유의지가 50%라는 이야기는 내 의지에 따라 내 삶을 선택할 수 있다는 말이다.

천국의 스크린에 아나톨이 사랑했지만 그녀가 거부할까 봐 프러포즈 못한 여인의 모습이 나오자 검사가 "실패의 두려움 때문에 시도조차 하지 않은 것을 여기서는 아주 좋지 않게 본다."

라고 이야기한다. 그리고 "어떤 일이 어려워서 하지 못하는 게 아니라 하지 않기 때문에 어려운 거예요."라고 말한다.

일단 행동하자. 살아보니 행동하면서 고쳐 나가고, 업그레이드시키는 것이 훨씬 좋다. 행동하면 항상 길이 보인다. 사람도 보이고, 해결책이 보인다. 행동하지 않고 생각만 하는 것은 아무 의미가 없다.

골프도 싱글 치는 사람이 더 열심히 연습한다. 피부도 좋은 사람이 더 피부 관리를 많이 한다. 다이어트도 날씬한 사람이 더 열심히 한다. 바쁜 사람이 시간을 더 잘게 쪼개서 쓴다. 시간이 없네. 돈이 없네. 일이 없네. 너무 힘드네. 이런 생각은 다 내가 만들어 낸 허상이다. 실제는 시간도 엄청 많고, 세상에는 내 돈도 엄청 많고, 내가 할 일도 엄청 많다. 내가 행동을 안 할 뿐이다. 일단 해보자.

아나톨이 무죄가 아닌 유죄로 판결 받은 걸 보자. 거절에 대한 두려움 때문에 행동하지 못한 것, 자신의 재능을 사용하지 않은 것, 내면의 소리에 귀 기울이지 않은 것, 사립학교는 보냈으나 아이들과 진정 시간을 많이 보내지 못한 것. 유죄 판결을 받은 아나톨은 다시 환생하는 걸로 판결이 난다. 삶형을 선고받았다.

아나톨이 유죄 받은 항목의 반대로 행동하면 된다. 그게 정답이다. 3막에서는 삶형을 받은 아나톨이 다음 생애에 태어날 옵션을 선택한다. 성별, 부모님, 가정의 환경, 본인의 핸디캡과 재능, 부, 심지어는 죽는 나이, 죽는 방법까지 전부 다 본인이 선택을 할 수가 있다. 부모를 선택하는 부분에서 수호천사 말한다. "부모님을 절대 원망해서는 안 된다."라고 당신이 선택한 거니까.

자유의지를 가진 인간으로서 내가 100% 선택한 이승에서의 삶을 사랑하고, 기쁜 생각과 진심의 말 그리고 사랑의 체험을 통해 멋진 인생 만들어보자.

지금 월 1만원 투자로
10년 뒤 월 10억 확실히 버는 법

◖ 아빠의 한마디 ◗

"누구는 휴대폰 세상에서 돈을 벌고, 누구는 그냥 휴대폰을 사용만 한다. 누구는 암호화 화폐시장에서 돈을 버는데, 누구는 아직도 암호화 화폐 관련 책 한 권을 안 읽었다. 나는 어느 쪽인가?"

로마의 황제이자 철학자였던 마르쿠스 아우렐리우스는 변화에 대해서 이렇게 말했다.

"너는 변화가 두려우냐? 세상에 변하지 않는 것은 아무것도 없다. 장작이 재로 변하지 않으면 물을 데울 수 없고, 음식도 형태가 변하지 않으면 자양분이 될 수 없다. 이 세계의 삶 자체가 바로 변화다."

세상에 변하지 않는 것은 딱 하나다. '세상에 변하지 않는 것은 아무것도 없다는 사실'이다. 아우렐리우스 말 그대로 우리 삶 자체가 그냥 변화다. 우리가 살면서 삶을 두려워한다는 말은 변화를 두려워한다는 말과 같은 말이다. 변화는 무조건 일어난다는 사실을 알고 받아들이자. 두려워하기보다는 먼저 그 변화를 준비하고 받아들일 준비를 해보자. "내가 그걸 어떻게 해. 너무 어려워."하고 두려워하지 말자. "아. 또 변화의 시작이구나. 이변화는 나한테 어떤 결과를 가져올까?"라면서 변화를 차분하게 준비하고 똑바로 쳐다보면서 준비하면 두려움은 없어진다. 명심하자. 두려움은 실체가 있는 것이 아니고, 그냥 삶의 변화일 뿐이다. 살면서 절대 두려움을 가질 필요가 없다.

변화 앞에서는 두려움보다 설렘을

이메일이 나왔을 때, 스마트폰이 나왔을 때, 네이버 쇼핑이 나왔을 때, 유튜브가 나왔을 때, SNS가 나왔을 때, 블로그가 나왔을 때 무엇을 했는가? 애써 외면하지 않았는가? 남의 세상이라고 생각하지 않았는가? 지금 보면 남의 세상이 아니라 우리들의 세상이다.

AI가 나오고 있고, 메타버스 시대가 오고 있고, NFT가 나오고 있고, 유비쿼터스 시대의 4차 산업 혁명 속에 있는 지금. 아직도 남의 세상이라고 생각하는가? 계속 그렇게 생각하면 진짜 우리들의 세상에서 나만 남이 된다. 나만 왕따가 된다. 왕따는 학교와 직장에만 존재한다고 생각하는가? 내가 지금 세상에서 왕따 당하고 있다는 느낌은 없는가? 느낌이 없을 정도로 혹시 왕따 당하고 있는 건 아닐까?

지금은 공부할 수 있는 여건이 너무 좋다. 어디 학원 안 가도 된다. 손안에서 다 공부할 수 있다. 급격한 변화의 시대에 살면서 적응해보겠다는 생각으로 서점에 가서 책 한 권 심도 깊게 찾아본 적이 있는가? 언제까지 인간의 기본 욕구만 채우면서 변화하지 않을 것인가? 언제까지 변화에 적응하면서 떼돈을 버는 사람 부러워만 할 것인가?

살아보니까 나도 모르게 속절없이 당하는 변화는 거의 없다. 반드시 변화가 오기 전에 나에게 대 자연의 우주가 신호를 준다. 그 신호를 읽는 것이 삶의 지혜다. 2015년 겨울에 사업적으로 힘든 시기가 있었다. 결국 사람이 문제였다. 그 사람의 문제는 2~3년 전부터 나타났다. 회사를 운영하면서 돈을 함부로 썼고, 현재 자금의 여력보다 항상 과하게 투자했다. 나도 느끼고 있었다. 그러나 나쁜 변화가 올 거라는 사실을 애써 외면했다.

나쁜 변화가 올 수 있음을 볼 줄 아는 지혜가 부족했다. 실제 아주 나쁜 변화가 왔다. 많이 힘들었다. 반드시 나쁜 변화 전에 대자연의 우주는 나에게 신호를 준다. 반드시. 그 신호를 보는 눈은 지식의 영역이 아니고, 지혜의 영역이다.

세상이 아주 급변하고 있다고 사방에서 지금 신호를 주고 있다. 뉴스만 봐도 알 수 있다. 이제 세상의 변화는 다 오픈되어 있는 시대다. 예측이 가능한 시대다. 세상으로부터 왕따 안 당하기 위해서는 일단 내가 변해야 된다. 무조건 변해야 된다. 지금 삶에 만족스럽다면 변하지 않아도 된다. 반대라면 무조건 변해야 된다. 세상의 변화보다 먼저 나를 변화시키자.

성공이라는 못이 있다. 이 못을 박는 망치는 딱 하나다. 그 망치 이름은 꾸준함이다. 꾸준함으로 안 좋은 습관부터 하나씩 바꾸자. 노력해도 내가 변하지 않는다는 것은 망치를 잘못 쓴 것이다. 작심삼일 망치 말고 꾸준함의 망치를 다시 들어라. 그리고 사정없이 성공이라는 못을 박아라.

지금은 아날로그의 느림이 없는 디지털의 빠름의 시대다. 아무 생각 없이 살다가 변화의 소용돌이 속에 휘말리면 삶이 어지러워지면서 바로 왕따 된다. 누구는 인터넷 시장에서 전자 상거래로 돈을 벌고, 누구는 그냥 인터넷을 사용만 한다. 누구는 휴대폰 세상에서 돈을 벌고, 누구는 그냥 2년에 한 번씩 할부로 휴대폰을 사서 사용만 한다. 누구는 암호화화폐 시장에서 돈을 버는데, 누구는 아직도 암호화 화폐에 대한 책 한권을 안 읽고 있다. 후자 말고 전자가 되어야 한다.

세상 변화에 적응하면서 나를 변화시켜 돈을 확실히 벌 수 있는 팁이 여러 가지 있는데 그중 최고는 경제 신문을 구독하고, 현재 기상 시각보다 한 시간 먼저 일어나서 그 경제 신문을 읽는 것이다. 꾸준히 10년을 읽는다면 신문 구독료의 10만 배 가치로 반드시 돌아온다. 휴대폰으로 신문 보는 건 의미 없다. 종이신문이 훨씬 집중이 잘된다.

경제신문을 꾸준히 보면 시대의 흐름을 읽을 수 있다. 변화에 적응할 수 있는 최적의 방법이다. 세상 왕따 탈출을 위한 최적의 솔루션이다. 경제신문 하나 구독해서 다가오는 시대의 변화에는 생산성을 추구하는 주인공이 되어보자. 유튜브 구독이 아닌 종이 신문 구독이 인생을 바꾼다. 당장 세상 왕따에서 탈출하라.

지금 무슨 일을 해야 할지
진심으로 알고 싶다면 방문을 잠가라

"밥은 매일 먹는다. 올바른 작은 일을 밥 먹듯이 하면 반드시 성공한다. 호텔 뷔페 가듯이 하면 틀림없이 실패한다."

내가 이야기하면 주변 사람들이 크게 웃는 사실 세 가지가 있다. 첫 번째는 전자공학 전공이라는 사실이다. 그렇게 보이지 않는단다. 실제로 나는 전자공학에 대해 잘 모른다. 형광등도 교체 못 한다. 반도체도 깊게는 모른다. 대학 시절 실험실에 실험 기구가 8명 기준에 한 대였다. 그 한 대는 실험 좋아하는 학생의 몫이었다. 그 친구가 실험할 때 당구장에 있었다. 두 번째는 신을 믿는다는 사실이다. 신을 믿을 사람처럼 보이지 않는단다. 세 번째는 혈액형이 A형이라는 사실이다. O형처럼 보인다고 하면서 고개를 까우뚱한다.

실제 나는 누구인가? 나는 왜 태어났는가? 이 지구에서의 나의 사명감은 무엇인가? 아들아, 딸아, 이런 생각을 해본 적이 있는가? 살면서 반드시 하게 될 것이다. 이런 생각을 너무 늦게 하진 않았으면 한다. 어떤 상황과 환경 때문에 떠밀려서 이런 생각을 하지 않았으면 좋겠다.

나는 진정 누구인가

장교 시절 친하게 지낸 친구 두 명이 있다. 한 명은 지금 군대에서 별 4개다. 대장이다. 골목대장이 아닌 진짜 대한민국의 육군 대장이다. 그 친구와 나는 초급 장교 시절 같은 방을 사용했다. 아주 친하다. 지금도 내 전화는 바로 받는다. 나는 대장이 아닌 가장이다. 지금 하는 일에 대장이 되었는가? 내가 하는 생각에 대장이 되었는가? 아니면 내 삶에 대장이 되었는가? 친구는 나라에 어마어마한 도움이 되는 사람인데 나는 뭐지? 그런 생각을 한 적이 있다.

다른 한 친구는 얼마 전에 죽었다. 그 친구는 초급 장교 시절에 사람들이 많이 피우던 담배도 안 피우고, 술도 많이 먹지 않았던 친구다. 열심히 자기 삶을 사랑하면서 살던 친구다. 친구는 키우던 소의 먹이를 위해, 지게차 운전을 하다가 전복 사고로 먼저 갔다. 그런데 나는 지금 살아있다. 나는 지금 책을 쓰고 있다. 나는 지금 숨을 쉬고 있다.

육군 대장 친구를 부러워하는 모습이 진정 나인가? 먼저 간 친구를 생각하면서 그래도 살아있어 다행이라고 생각하는 모습이 진정 나인가? 나는 누구 인가? 진정 누구란 말인가?

인생을 잘 살고 싶은가? 돈을 많이 벌고 싶은가? 앞으로 내가 무슨 일을 하고 싶은지 진정 알고 싶은가? 진정 나를 알고 싶은가? 그럼 방문을 잠가라. 방문을 잠그고 들어가라. 아니 방문을 잠그고 방에 들어갈 수 없구나. 방에 들어가서 방문을 잠가라. 혼자만의 시간을 보내라. 하루에 한 번이라도 좋으니 방에 들어가 방문을 잠가라. 들어갈 때 휴대폰만 놓고 들어가라.

방에 들어가 최대한 편안한 자세를 유지해라. 누워도 좋고 책상에 앉아도 좋다. 무조건 편안한 자세를 유지하라. 그리고 호흡해라. 호흡에 집중해라. 들숨 날숨에 집중해라. 그리고 편안해지면 "감사합니다."라고 아주 조용히 말해라. 감사합니다. 감사합니다. 감사합니다. 감사합니다. 이렇게 하루 5분도 좋고, 3분도 좋다. 나는 30분 정도 한다. 매일 해보라. 무엇에 감사해야 되는지 몰라도 괜찮다. 그냥 아무 생각 없이 해라.

사실 세상에서 제일 어려운 게 매일 하는 것이다. 밥은 매일 먹지 않는가? 올바른 작은 일을 밥 먹듯이 하는 사람이 성공한다. 하기로 했으면 그냥 밥 먹듯이 해라. 반드시 성공한다. 방문을 잠그고 계속 하다 보면 느낄 것이다. 감사함의 느낌과 기분을. 무엇에 감사해야 되는지도 나중에 저절로 알게 된다. 반드시 방문은 잠가라. 그래야 온전히 나를 느낄 수 있다.

꾸준히 해보면 또 다른 나를 만나게 된다. 내가 할 일이 저절로 떠오를 것이다. 남이 나를 정의하는 것은 아무 의미가 없다. 나의 내면에 자주 방문하라. 방문을 잠그고 들어가서 다시 내면의 방을 노크하라. 본인의 가슴속으로 들어가라. 본인의 마음속으로 들어가라. 내가 내 내면의 방을 노크 안 하면 누가 하겠는가?

내가 무엇을 원하는지? 내가 하고 싶고 되고 싶은 것이 무엇인지? 이 세상에서 나의 사명감은 무엇인지? 나는 왜 태어났는지? 그에 대한 답을 구할 수 있다. 쓸데없는 사람들 만나지 말고 방에 들어가서 문을 잠그고 나를 만나라.

지금 1억 원이 있는 사람 모두가
똑같이 행복할까?

아빠의 한마디

"지금 병원 가봐라. 환자복 입은 분이 많다. 지금 환자복이 아닌 트레이닝복 입고 있는가? 그럼 행복한 것이다. 행복은 일으키는 것이다. 남이 아닌 바로 내가."

행복이란 무엇일까? 행복에 대한 정의를 먼저 보면 '생활에서 충분한 만족과 기쁨을 느끼어 흐뭇함 또는 그러한 상태'이다. 지금 행복한가? 이 말은 '지금 생활하면서 충분한 만족과 기쁨을 느끼면서 흐뭇한가? 또는 그런 상태에 있는가?'라는 질문과 똑같다. 여기서 중요한 단어는 '살면서'이다. 즉 지금 살면서 느끼는 게 행복이다. 행복은 숙제처럼 미루는 것이 아니다. 행복은 결과가 아니라 과정이다. 행복은 지금에만 의미가 있다.

행복은 영어로 'Happiness'이고 어원은 '일어나다, 발생하다'라는 뜻의 'Happen'이다. 행복은 내가 행복하다고 생각하고, 느끼고, 발생시키는 것이다. 누구나 원하고 바라는 것은 행복이고, 행복을 원치 않는 사람은 세상에 단 한 사람도 없다. 그러나 누구에게나 행복이 다 똑같은 조건은 아니다. 지금 1억원이 있으면 너무도 행복한 사람이 있는 반면에 1억 원이 행복의 감정을 전혀 주지 않는 사람도 있다. 행복의 조건은 그래서 주관적이고 각자 마음의 문제다.

행복은 내가 일으키는 것

로또 1등에 당첨이 되고, 대통령이 되어서 명예와 권력을 손에 넣었다고 해서 과연 행복할까? 이런 소유의 행복은 일시적인 행복한 시간과 공간은 제공할 수 있다. 그러나 행복 그 자체를 줄 수 있는 것은 아니다. 무엇보다도 유한하다.

진정한 행복은 마음의 문제다. 마음에서 내가 발생을 일으키는 것이다. 그리고 소유의 행복보다는 존재의 행복을 추구해야 된다. "저걸 가지면 행복할 거야."라는 소유의 행복이나 "나는 지금 이것을 악착같이 해야 미래에 행복할 수 있어."와 같이 현재를 담보로 하는 담보의 행복은 진정한 행복이 아니다. 특히 우리나라 사람들은 마음속에 소유 코드, 성공 코드가 너무 강하고 진정한 행복 코드는 없다.

그리스의 위대한 철학자 디오게네스는 "행복은 자유이고, 자유롭기 위해서는 물질의 집착을 내려놓아야 된다."라고 주장했다. 당시 세계를 정복한 알렉산더 대왕이 존경하는 디오게네스를 찾아갔다.

길거리 모퉁이에서 일광욕을 하는 디오게네스를 발견했다.

대 철학자가 노숙자처럼 있는 것이 안타까운 대왕은 즉시 무엇이든 원하는 것을 다 해주겠다고 말했다. 디오게네스가 한 대답은 "지금 일광욕하고 있으니까 햇빛 좀 가리지 말고 비켜 달라."였다.

진정한 행복은 디오게네스처럼 집착을 내려놓고 맑은 하늘을 보면서 일광욕을 하는 사고에서 온다. 행복은 내가 일으키는 것이지 누가 주는 것이 아니다. 요즘 날씨가 좋은 봄이라 밖에 나가서 맑은 햇빛과 하늘을 보면서 "아~ 나는 진정 지금의 삶에 만족하고 기뻐. 모든 것이 감사해."라고 외치면서 행복을 느껴보면 어떨까? 행복은 내가 일으키는 거니까 말이다.

멕시코 어부에 대한 이야기다. 미국의 한 사업가가 휴가차 멕시코 해안가에서 휴식을 취하고 있었다. 한 어부가 두어 시간 물고기를 잡고 나오는데, 잡은 물고기가 아주 훌륭해서 미국인 사업가가 "왜 두 시간밖에 낚시를 안 합니까?"라고 물었다. 그러자 그 멕시코 어부는 "두 시간 낚시를 하면 하루 먹을 게 충분하고, 나머지 시간은 아이들과 놀고, 저녁에는 친구들과 시간을 보내야 합니다."라고 대답했다. 이에 미국인 사업가가 낚시 실력이 좋으니, 정말 행복한 인생을 살 수 있는 방법을 알려주겠다고 한다. 그 방법은 물고기 잡는 시간을 늘리고, 돈을 벌어서 배를 사고, 임대하는 임대업도 한다. 돈을 많이 벌어서 회사를 나스닥에 상장을 한다. 그 후 회사를 비싸게 매각하면 여생을 가족들과 친구들과 아주 편안하게 지낼 수 있다고 한다. 그 멕시코 어부는 그 미국인 사업가에게 말했다.

"이 사람아, 내가 지금 그렇게 가족들과 편안하게 살고 있는데, 꼭 그렇게 어렵게 해야 돼?".

톨스토이는 "인간이 불행한 것은 자기가 행복하다는 것을 알지 못하기 때문이다."라고 말했다. 멕시코의 어부와 디오게네스의 공통점이 무엇일까? 지금 일광욕을 하면서 행복을 느꼈다. 지금 물고기를 필요한 만큼만 잡고 더 중요한 가족과의 시간을 보냈다. 즉 현재의 삶에 충분히 만족하고 기뻐하면서 지금 이 순간을 살았다는 점이다. 지금 이 순간. 행복을 우리가 마음속에 일으키기 위한 실천하는 방법을 알아보자.

행복은 내가 일으키는 것이다. 의도적인 노력이 지속적으로 필요하다. 행복하기 위한 첫 번째 노력은 운동이다. 시간 내기 힘들다고? 운동은 시간 내서 하는 것이 아니다. 나도 과거에는 반드시 헬스장 가서 운동을 했다. 지금은 생활 운동으로 바꿨다. 지하철역에서 계단으로 오르기. 버스 정거장 2정거장 미리 내려서 걷기를 한다.

아내의 병원 정기검진 때문에 연세 세브란스 갔는데 정말 병원에 사람이 너무 많았다. 팔다리 멀쩡하면서 힘들고 우울하다고? 병원에 한번 가봐라. 지금 생사를 오가면서 수술 받는 사람, 사고로 응급실에 실려오는 사람 등 엄청 많은 사람이 지금 이 순간에도 고통받고 있다. 내 몸이 아프지 않아야 행복을 일으키든 말든 할 수 있다. 행복전에 무조건 건강이다.

행복하기 위한 두 번째 노력은 걱정을 없애는 것이다. 어떤 걱정이 생기면 이렇게 생각해보자. '지금의 이 걱정이 1년 뒤에도 중요한 걱정일까?', 1년 전에 내가 했던 걱정을 지금도 하고 있나?'라고 말이다.

건강한 육체가 있음에 항상 감사 또 감사하고, 걱정 말고 운동하자. 행복을 항상 일으켜보자. 행복도 다 내가 만드는 것이다. 행복하다고 생각하면 행복하다.

말 잘하는 법은
말 하지 않는 것이다

"대화할 때 목소리가 작은 사람과 절대 일을 도모하지 마라. 이기적이거나 배려가 없는 사람이다. 상대방이 명확하게 들을 수 있도록 말하라. 힘들면 볼펜 입에 물고 연습하라."

어렸을 때 자신 있고 발랄하게 자기의 의사를 표현하던 아이들이 학교에 들어가면 점점 말하는 자세가 위축되고 자신감이 없어지는 듯하다. 사람들과 말하기를 힘들어하는 아이들이 커서 만든 세상은 어떨까? 말하기가 잘 안 된다는 것은 서로 간의 소통이 잘 안 된다는 것이다. 그러면 자칫 자기 생각, 자기 사고에 매몰될 수 있다.

인간은 소통을 하면서 산다. 소통 속에서 결혼도 하고, 정치, 경제, 사회, 문화의 발전을 이루면서 산다. 소통의 가장 중요한 수단이 말하기다. 정치인의 연설, 부부간의 소통, 직장생활의 기본, 친구와의 관계, 부모자식 간 문제의 중심은 항상 말하기다. 이렇게 중요한 말하기에 대해서 한번 알아보자.

말하기의 사전적인 의미는 '말하는 사람의 생각이나 느낌, 의견 등을 말로 정확하게 표현하는 일'이다. 자기의 의사를 상대방이 알아들을 수 있도록 말로 표현하는 일이다. 즉 거꾸로 이야기하면 말하기를 잘못하면, 내 의견이나 느낌, 생각을 상대방이 잘 알 수가 없다는 사실이다.

말하기의 중요성

딸아이를 스쿨버스가 서는 곳까지 데려다주는데, 불법 주차된 앞차 때문에 불편을 겪었고 나는 무의식적으로 '에이 씨'라고 말했다. 딸아이는 '아빠는 부정적인 말을 너무 자주한다.'라고 말하곤 차에서 내렸다. 집으로 가면서 곰곰이 생각해보니, 내가 내뱉은 부정적인 말은 불법주차한 사람한테 들리는 것도 아니고, 그 말을 뱉고 나서 그 불법주차에 차량에 대해 어떤 조치를 한 것도 아니다. 평상시에 부정적인 말을 많이 하는 편은 아니지만, 불의를 보거나, 상식에 어긋나는 상황에 처하면, 짧은 욕을 했음을 깨달았다.

말에는 힘이 있다. 말은 고체, 액체든 가리지 않고 다 통과하고 상대의 중심까지 도달한다. 그 상대가 생물이든 무생물이든 말의 힘은 실로 엄청나다.

나는 자기 전에 침대에 누워 하루를 정리하면서 그날 풀리지 않았던 여러 문제의 해답을 구한다. 조용히 말을 한다. "내일은 책 쓰기에 아주 좋은 아이디어 하나 주세요."라고 말을 계속

하면서 잔다. 몽롱해도 계속 말한다. 그러면 그다음 날 책 쓰기 좋은 아이디어가 떠오른다. 틀림이 없다. 내가 한 말이 지구 뚫고 저 우주 끝에 가서 답을 밤새 찾아 나에게 온 것이다.

2016년 리우 올림픽 펜싱 금메달리스트 박상영 선수가 경기 도중 "할 수 있다. 할 수 있다. 할 수 있다."라고 되뇌던 모습은 정말 감동적이었다. 그 시합을 보면서 정말 말의 힘이 대단하고, 특히 진심과 간절함이 있는 말의 힘은 어떠한 역경도 다 이길 수 있음을 느꼈다. 세계적인 선수들 사이에는 1점차도 극복을 해야 되는 엄청난 점수 차이다. 그런데 14-10인 4점 차. 상대방 선수가 1점만 내면 금메달인 상황이라는 역경도 말의 힘으로 극복하고 해냈다.

말의 힘을 믿는다면 역으로 그 힘을 선용할 수 있다. 바로 이 사실이 엄청난 삶의 지혜다. 아침에 눈을 뜨자마자 감사의 말 한마디는 보약이다. "이렇게 눈뜨게 해주심에 진심으로 감사합니다. 감사합니다.", "오늘도 저희 가정에 축복과 평안함을 기도드립니다.", "오늘 약속이 좋은 성과로 이어질 수 있도록 진심으로 기도 드립니다.", "나는 할 수 있다. 할 수 있다, 할 수 있다." 눈뜨자마자 긍정적인 말하기로 시작해보자. 말의 힘은 실로 엄청나다. 모든 역경을 극복하고, 말하는 대로 모든 것이 이루어진다.

반대로 부정적인 말도 힘이 있을까? 부정적인 말은 말을 하는 사람의 정신과 영혼을 파괴하는 엄청난 힘이 있다. 부정적인 말은 긍정적인 말보다 두 배 더 힘이 있다. 너무 내 말만 하는 사람, 상대방의 말을 들어주지 않는 사람, 말을 너무 길게 하는 사람, 목소리가 지나치게 작은 사람과는 깊게 거래하지 마라. 보통 이런 사람들의 심각한 문제는 본인의 잘못 자체를 모른다는 것이다.

나는 미팅이나 모임에서 말을 할 때 항상 '내가 이 말을 했을 때 상대방에 대한 배려인가 아닌가?'를 생각한다. 짧은 순간에 자신에게 질문하고, 생각하고 말한다. 말 잘하는 사람의 기본 마인드는 배려다. 상대방에 대한 깊은 배려심이 있어야 말을 잘한다.

몇 가지 말 잘하는 노하우를 공유해보겠다. 첫째, 어떤 만남이든 만나기 전에 항상 말하기를 준비하라. 만나는 상황에 맞게 대표적인 키워드를 적어서 만나라. 그럼 한결 말하기가 수월하고, 쓸데없는 말 즉 사족을 안 달게 된다. 말은 가급적이면 포인트 위주로 짧게 해야 된다. 키워드를 적어서 만나라. 사람들이 많이 하는 착각이 상대방이 내 말을 잘 들을 거라고 생각한다. 절대 아니다. 교장선생님의 말씀이나 주례선생님 말씀 잘 안 듣는다. 내 말도 똑같다고 생각하면 된다. 나는 항상 미팅 전에 수첩이나 폰에 키워드 중심으로 메모를 하고 나간다. 효과가 아주 좋다.

둘째, 말을 많이 하지 마라. 말 잘하는 방법이 말을 하지 않는 것이다. 무조건 사람을 만나면 경청하겠다는 생각 하나만 가지고 가라. 경청을 먼저 하다 보면 내가 해야 될 말과 타이밍이 다 생각나게 된다. 그것도 아주 여유롭게. 경청하지 않고 먼저 말을 많이 하면 여유로움이 없어진다. 여유로움이 없는 말은 상대방이 잘 안 듣는다. 그 순간 당신이 하는 말은 교장 선생님의 설교가 되는 것이다.

셋째, 항상 긍정의 마음으로 말하라. 의사가 말할 때 "실패 확률이 10%입니다."라고 말하는 것보다 "성공확률이 90%입니다."라고 말하는 것이 더 좋다. "이건 잊으시면 절대 안 됩니다."라고 말하기보다 "이건 꼭 기억하세요."라고 말하는 것이 더 좋다. 긍정의 마인드가 배어 있게 말하는 것이다.

말하기가 정 힘들면 말하지 마라. 진심으로 경청만 해라. 그래도 충분하다.

맺음말

아이와 5분 이상 대화하고 싶은 아빠들에게

'우리 아이들만큼은'이라는 생각으로 아이들과 소통하려 애썼다. 지금은 너무도 행복하다. 성인이 된 아이들과 허심탄회하게 이야기하고 서로 질문하는 관계 속에서 참행복을 느낀다. 아빠의 진심을 이렇게 책 한권으로 표현할 수 있음에 감사하다. 가정에서의 효의 개념부터 외부의 인간관계까지 아이들의 '기본'에 도움이 되는 내용을 담고자 했다. 아이들이 커서 만든 대한민국이 기본이 있는 사회였으면 한다.

집에서 조그마한 자영업을 하는데 가끔 POS에서 주문을 받을 때가 있다. 요즘 중고등학생들 주문할 때 거의 목소리가 들리지 않는다. 아이들의 주문을 받을 때면 내가 힘이 다 빠진다. 모기 같은 목소리로 딱 봐도 자신감이 없다. 아이들을 탓하는 것이 아니다. 100% 아빠들의 잘못이다.

대한민국의 아빠들이 아이들에 대한 사랑의 감정을 초등학교 입학하고 나서도 계속 유지하기 바란다. 왜 똥을 싸도 이쁘다고 생각한 아이들이 학교에 가서 50점이란 점수를 맞아오면 화를 내는가? 걷기만 해도 박수를 치던 아빠들이 왜 아침에 조금 늦게 일어난다고 잔소리를 그렇게 심하게 하는가? 건강하게 태어나서 너무도 감사하고 고맙다고 하늘을 보고 기도한 아이들이 공부 조금 안 하고, 운동하겠다는데 왜 그리 화를 내는가? 왜? 부디 아이들의 가치를 부가가치로 보지 말고 존재의 가치로 봐라.

50대 중후반이 되면서 사회적으로 많은 모임에 나가고 있다. 대부분 경제적으로는 어려움이 없는 사람들이다. 그런데 아이들과 관계가 좋은 아빠들이 거의 없다. 아예 대화를 안 하는 아빠들도 많다. 자기 기준에 아이들을 맞추기 때문에 그렇다.

하루는 용인에 미팅이 있어 가던 중이었다. 그날 기분이 별로였다. 미래를 생각하니 짜증만 나는 하루였다. 짜증나는 기분에 차도 엄청 막혀서 기분이 더블로 안 좋았다. 먼저 도착해서 처음 뵙는 고객을 기다리는 그때. 카페에서 들어오는 중증 장애인이 눈에 띄었고 그분이 바로 내가 만나려는 고객분이었다. 조금 전의 짜증이 갑자기 없어졌다. 내 사지가 멀쩡함에 감사했다. 그분은 예상치 못한 사고로 장애를 입었다. 그 이야기를 들으니 더 더욱이 내 사지가 멀쩡함에 감사했다. 키 188에 배 안 나오고 한국말 잘하는 내 몸에 감사했다.

조금 전 욕하고 짜증내는 내 모습이 진정한 나인가? 지금 감사하는 마음을 가진 내 모습이 진정 나인가? 상황에 따라 매일매일 바뀌는 내 모습이 진정 나인가? 나도 이렇게 나를 모르는데. 내 자식의 마음을 내가 알 수 있을까? 불가능하다.

나는 아이들과 관계가 너무 좋다. 내가 아이들의 마음을 절대 모른다고 인정하고, 존재의 가치로만 보기로 했기 때문이다. 그냥 같은 취미를 찾아서 그 취미를 즐기면서 소통한다. 같이 스크린 치고 같이 도서관 가고 같이 달리기한다. 아이들과 같이 운동 하나씩 해라. 그게 최고다. 최고의 소통이다. 아이들을 존재의 가치로만 인정하라. 부가가치는 세금계산서 발행할 때만 생각하라.

아버지가 깨달은
삶에서 가장 중요한 것들

초판 1쇄 인쇄   2024년 06월 17일
초판 1쇄 발행   2024년 06월 28일

지은이 ㅣ 박상현
펴낸이 ㅣ 구본건

펴낸곳 ㅣ 비바체
출판등록 ㅣ 제2021000124호
주소 ㅣ (27668) 서울시 강서구 등촌동39길 23-10 202호
전화 ㅣ 070-7868-7849 팩스 ㅣ 0504-424-7849
전자우편 ㅣ vivacebook@naver.com

ISBN 979-11-93221-14-3 03190